Boxeo

Lo que los mejores boxeadores saben sobre entrenamiento, juego de piernas y combinaciones que usted no sabe

© Copyright 2024

Todos los derechos reservados. Ninguna parte de este libro puede ser reproducida de ninguna forma sin el permiso escrito del autor. Los revisores pueden citar breves pasajes en las reseñas.

Descargo de responsabilidad: Ninguna parte de esta publicación puede ser reproducida o transmitida de ninguna forma o por ningún medio, mecánico o electrónico, incluyendo fotocopias o grabaciones, o por ningún sistema de almacenamiento y recuperación de información, o transmitida por correo electrónico sin permiso escrito del editor.

Si bien se ha hecho todo lo posible por verificar la información proporcionada en esta publicación, ni el autor ni el editor asumen responsabilidad alguna por los errores, omisiones o interpretaciones contrarias al tema aquí tratado.

Este libro es solo para fines de entretenimiento. Las opiniones expresadas son únicamente las del autor y no deben tomarse como instrucciones u órdenes de expertos. El lector es responsable de sus propias acciones.

La adhesión a todas las leyes y regulaciones aplicables, incluyendo las leyes internacionales, federales, estatales y locales que rigen la concesión de licencias profesionales, las prácticas comerciales, la publicidad y todos los demás aspectos de la realización de negocios en los EE. UU., Canadá, Reino Unido o cualquier otra jurisdicción es responsabilidad exclusiva del comprador o del lector.

Ni el autor ni el editor asumen responsabilidad alguna en nombre del comprador o lector de estos materiales. Cualquier desaire percibido de cualquier individuo u organización es puramente involuntario.

Índice

INTRODUCCIÓN 1
CAPÍTULO 1: EL COMIENZO 3
CAPÍTULO 2: INICIACIÓN AL BOXEO I: REGLAS Y ESTILOS DE LUCHA 14
CAPÍTULO 3: INICIACIÓN AL BOXEO II: EQUIPAMIENTO Y ACONDICIONAMIENTO FÍSICO 27
CAPÍTULO 4: POSTURAS, GUARDIAS Y JUEGO DE PIES 43
CAPÍTULO 5: PUÑETAZOS Y CONTRAGOLPES............................60
CAPÍTULO 6: CONSEJOS Y TÉCNICAS DE DEFENSA 78
CAPÍTULO 7: 13 COMBINACIONES PROFESIONALES QUE NO CONOCÍA 89
CAPÍTULO 8: UN VISTAZO A LOS SECRETOS DE LOS BOXEADORES PROFESIONALES SOBRE EL *SPARRING*........103
CAPÍTULO 9: USAR EL SACO PESADO 113
CAPÍTULO 10: VEINTE ERRORES COMUNES QUE DEBE EVITAR (SEA NOVATO O NO) 123
CONCLUSIÓN..131
VEA MÁS LIBROS ESCRITOS POR CLINT SHARP 133
REFERENCIAS..134
FUENTES DE IMAGENES 135

Introducción

¿Alguna vez le han sorprendido la velocidad, la agilidad y la técnica de los boxeadores profesionales? ¿Qué saben ellos sobre entrenamiento, juego de piernas y combinaciones que usted no sepa?

A partir de horas de entrenamiento intenso y años de experiencia en el ring, estos deportistas de élite han desarrollado habilidades que les proporcionan una ventaja competitiva. Aprendiendo de los mejores boxeadores, usted también puede desarrollar estas habilidades y llevar su boxeo al siguiente nivel. Esta guía le mostrará los fundamentos del boxeo, desde el juego de pies y las posturas hasta los golpes, consejos de defensa y combinaciones profesionales, para que comience su camino hacia convertirse en un boxeador experto.

Desde las antiguas Olimpiadas griegas hasta las extravagancias de pago por ver de hoy en día, la historia del boxeo es un emocionante relato que abarca siglos. Este deporte ha visto púgiles legendarios, rivalidades feroces y momentos trascendentales que han pasado a la historia. Un paseo por los anales de la historia del boxeo revela cómo ha evolucionado este deporte brutal, desde las reyertas a puño limpio en el siglo XIX hasta la invención de los guantes de boxeo, que hicieron que el deporte fuera menos mortífero. El boxeo cambia constantemente. Es un deporte que exige a sus practicantes disciplina, habilidad y resistencia. Estos se esfuerzan por burlar a sus oponentes y asestar el golpe de KO perfecto.

Con una historia tan rica, no es de extrañar que el boxeo siga cautivando al público de todo el mundo, incluso hoy en día. Esta guía de fácil comprensión ofrece una visión general de los orígenes del boxeo. Cuando comprenda el contexto, podrá pasar a las técnicas y estrategias utilizadas por los boxeadores actuales. Explorará temas importantes, como las posturas, las guardias, los golpes, las combinaciones, los consejos de defensa y el entrenamiento con saco pesado. Aprenderá los errores más comunes que debe evitar al embarcarse en su viaje por el boxeo. Además, recogerá útiles secretos de *sparring* de los profesionales y descubrirá cómo ejecutar esas combinaciones profesionales que hacen campeones de éxito en el ring.

Aunque el deporte del boxeo es un asunto serio, no necesita tomárselo demasiado en serio. Incluso los principiantes pueden disfrutar aprendiendo los fundamentos y desarrollando habilidades en este deporte increíblemente gratificante. Todo lo que necesita es dedicación, trabajo duro y los recursos adecuados. Si está listo para dar el paso y adentrarse en el mundo del boxeo, póngase los guantes y prepárese para un viaje estimulante que le mantendrá sobre el borde de su asiento. Esta guía es un excelente punto de partida que le proporcionará todo lo que necesita para empezar. Entonces, ¿qué espera? Preparémonos para luchar.

Capítulo 1: El comienzo

¿Alguna vez ha ido a animar a los boxeadores en el ring y se ha preguntado dónde se originó este deporte? Lo crea o no, el boxeo tiene una rica historia que se remonta siglos atrás. En los primeros tiempos, los combates de boxeo eran brutales y carecían de toda regulación. Los boxeadores luchaban con los nudillos desnudos, sin reglas, lo que provocaba lesiones espantosas. Sin embargo, se promulgaron nuevas leyes para proteger a los púgiles de daños graves a medida que el deporte crecía en popularidad.

A lo largo de los años, el boxeo ha evolucionado hasta convertirse en el emocionante y dinámico deporte que la gente conoce y ama hoy en día. Así pues, vamos a atarnos los guantes y retroceder en el tiempo para conocer mejor los orígenes del boxeo. Este capítulo ofrece una breve visión general de la historia y la evolución del boxeo, empezando por sus antiguas raíces. Destaca a algunos de los boxeadores más emblemáticos de la historia y sus duraderos legados. Al final del capítulo, entenderá mejor por qué el boxeo se ha convertido en un deporte tan de moda.

Los fascinantes orígenes del boxeo: desentrañando sus antiguas raíces

El boxeo ha evolucionado de diversas maneras a lo largo de miles de años, dando lugar a diferentes estilos que los entusiastas aún practican. Desde los gladiadores en la Antigua Roma hasta las peleas a puño limpio en el siglo XIX, el boxeo tiene una historia fascinante. Esta sección examina la encantadora historia de cómo se originó este deporte y sus numerosas transformaciones a lo largo del tiempo.

Antiguo Egipto y Grecia

Antiguos boxeadores griegos representados en un jarrón[1]

La rica historia de este fantástico deporte hunde sus raíces en las antiguas civilizaciones de Egipto, Grecia y Roma. Los griegos ya practicaban el boxeo en el siglo VII antes de Cristo. Rápidamente se convirtió en uno de los deportes más populares de su cultura, con atletas que competían en certámenes locales y nacionales. El deporte estaba impregnado de simbolismo mítico y era una alegoría del viaje del héroe. El arte del antiguo Egipto representa combates a puño limpio, una de las primeras formas de boxeo. Estas peleas eran brutales y a menudo acababan con la muerte, ya que no había reglas, guantes ni categorías de peso. En su lugar, los púgiles se envolvían las manos en tela o cuero, lo que condujo al desarrollo de los primeros guantes de boxeo.

Boxeo romano

Cuando se introdujo en el Imperio romano, el boxeo pasó de ser un deporte de entretenimiento a un medio de protección: mercenarios y soldados se enzarzaban en peleas a puñetazos para mantenerse en forma y poner a prueba sus habilidades de combate. A medida que la influencia romana se expandía, también lo hacía el boxeo, y se convirtió en un elemento habitual de sus competiciones atléticas, conocidas como juegos de gladiadores. Estos juegos reunían a los luchadores más valientes y fuertes de todo el imperio, y grandes multitudes se congregaban para presenciar este deporte peligroso y mortal.

Pruebas más antiguas

Los primeros indicios del boxeo proceden de la antigua Sumeria, alrededor del año 3000 a.C., donde la gente se envolvía las manos con tiras de cuero para protegerse. Al principio, era una forma sencilla de combate, pero el deporte se fue estructurando y refinando a lo largo de su evolución. En la antigua Grecia, el boxeo se popularizó durante los Juegos Olímpicos del 688 a.C., uno de los acontecimientos más prestigiosos. Los boxeadores llevaban guantes de cuero con tacos de metal o plomo para infligir más daño a sus oponentes. Los combates eran brutales y a menudo terminaban con graves lesiones o la muerte.

Transformación del deporte

A principios del siglo XVIII, el boxeo transformó Inglaterra. El deporte se organizó más con las Reglas del Boxeo de 1743, que establecieron las categorías de peso, prohibieron los mordiscos y las dentelladas y estandarizaron los guantes. El primer campeón de peso pesado reconocido fue el boxeador inglés a puño limpio James Figg, que dominó el deporte a principios del siglo XVIII. Creó una escuela de boxeo en la que entrenaba a jóvenes púgiles que más tarde se convertirían en campeones.

Acontecimientos recientes

El primer combate de boxeo moderno tuvo lugar en 1867 entre John Sholto Douglas, marqués de Queensbury, y John Graham Chambers, fundador del Club de Atletismo Amateur. El combate siguió las reglas del marqués de Queensbury, que incluían asaltos de tres minutos, guantes y un recuento de diez segundos para los púgiles derribados. Estas reglas revolucionaron el deporte e hicieron el boxeo más accesible a las masas.

Época moderna

El boxeo siguió evolucionando a lo largo de los tiempos y alcanzó su forma moderna durante los siglos XVIII y XIX en Inglaterra. Los ingleses añadieron más innovaciones, como los asaltos, las categorías de peso y las reglas tradicionales de Queensberry que aún se utilizan hoy en día. Además, el boxeo se hizo más organizado y dejó de estar confinado a un estilo o clase social particular. Desde sus humildes comienzos como deporte brutal, el boxeo ha recorrido un largo camino y es uno de los deportes más queridos del mundo.

A lo largo del siglo XX surgieron muchos luchadores famosos, como Muhammad Ali, Joe Frazier y George Foreman. Estos púgiles aportaron nuevas habilidades, estrategias y técnicas a este deporte, haciéndolo más entretenido y popular en todo el mundo. Sin embargo, la aparición de Floyd Mayweather Jr., considerado uno de los mejores púgiles de todos los tiempos, cambió para siempre el mundo del boxeo. Su récord de victorias y su racha de imbatibilidad lo convirtieron en una leyenda.

El boxeo ha recorrido un largo camino desde sus humildes comienzos. De una forma primitiva de combate a un deporte sofisticado con normas y reglamentos estrictos, ha dominado el ámbito deportivo en todo el mundo. Los primeros boxeadores allanaron el camino para los campeones modernos que han aportado fama, gloria y entretenimiento a este deporte. El boxeo sigue evolucionando y el mundo puede esperar más combates emocionantes y púgiles legendarios en el futuro.

El boxeo en la era cristiana: un legado de grandeza

Desde los primeros combates en la antigua Grecia hasta nuestros días, el boxeo siempre ha sido una prueba física y mental de fuerza, resistencia y habilidad. El boxeo produjo algunos de los mejores atletas y los momentos más inolvidables de la historia del deporte. Desde la época dorada de Muhammad Ali y su rivalidad con Joe Frazier hasta los recientes triunfos de Floyd Mayweather Jr. y Manny Pacquiao, el boxeo sigue siendo una fuente de inspiración y asombro para millones de aficionados de todo el mundo.

La era moderna del boxeo comenzó en 1910, cuando el primer campeón de los pesos pesados, Jack Johnson, fue destronado por Jim Jeffries en un combate racista y polémico. Esta era vio el ascenso de púgiles icónicos, como Joe Louis, Rocky Marciano, Sugar Ray Robinson y Muhammad Ali, que dominaron sus divisiones y trascendieron el deporte por su carisma, valor e impacto social.

Joe Louis, conocido como el Bombardero Marrón, reinó como campeón de los pesos pesados durante un periodo récord de 12 años y se convirtió en un héroe para los aficionados negros y blancos por su deportividad y patriotismo. Rocky Marciano, el único campeón invicto de los pesos pesados de la historia, fue un púgil implacable y poderoso que se retiró en la cima de su carrera para preservar su legado. Sugar Ray Robinson, considerado por muchos expertos el mejor boxeador libra por libra de todos los tiempos, deslumbró a sus oponentes y a los aficionados con su velocidad, técnica y espectacularidad.

Muhammad Ali, nacido como Cassius Clay, fue una leyenda del boxeo, un icono cultural y un activista político. Ganó tres títulos de los pesos pesados y disputó algunos de los combates más épicos y controvertidos de la historia, como su victoria sobre Sonny Liston en 1964, su derrota ante Joe Frazier en 1971 en la Pelea del siglo y su *Rumble in the Jungle* (en Zaire, África) contra George Foreman en 1974. El carisma, el humor y la elocuencia de Ali lo convirtieron en una figura querida en todo el mundo, y su postura contra la guerra de Vietnam y su defensa de los derechos civiles inspiraron a millones de personas.

La era moderna del boxeo vio surgir a muchos otros grandes campeones y rivalidades, como Julio César Chávez, Mike Tyson, Óscar De La Hoya, Roy Jones Jr., Lennox Lewis, Evander Holyfield, Bernard Hopkins y Manny Pacquiao. Estos púgiles mostraban estilos, personalidades y legados diferentes, pero todos compartían la pasión por este deporte y el deseo de llegar al límite.

Hoy en día, el boxeo sigue evolucionando y adaptándose a los nuevos retos y oportunidades. El auge de las MMA, el crecimiento de los medios digitales y la pandemia han afectado a la forma de ver y consumir este deporte, pero los valores fundamentales y la emoción del boxeo permanecen intactos. Los actuales campeones y prospectos, como Canelo Álvarez, Anthony Joshua, Terence Crawford, Gennady Golovkin, Ryan García y Teófimo López, continúan el legado de grandeza que el boxeo ha fomentado durante más de un siglo.

El boxeo en la era actual no es sólo un deporte, sino un testamento de la resistencia, la creatividad y la excelencia humanas. Los púgiles que han subido al ring en esta era han puesto el listón muy alto para las generaciones futuras y han inspirado a los aficionados a soñar a lo grande y a luchar duro. Así pues, tanto si es usted un espectador ocasional como un fan acérrimo, el boxeo ofrece algo para todo aquel que ame un buen desafío, una buena historia y los grandes espectáculos.

La siguiente sección se sumerge en las historias de los luchadores que hicieron de esta época algo muy especial. Así que, vamos, es hora de subir al ring.

Muhammad Ali

Muhammad Ali es uno de los mejores boxeadores de la historia, y con razón. Ganó tres veces el título de campeón del mundo de los pesos pesados y era conocido por su estilo de lucha único, su ingenio y su carisma. Ali era un boxeador rápido como el rayo que «flotaba como una mariposa y picaba como una abeja». Además, era un activista de los derechos civiles que defendía sus creencias sin importarle las consecuencias. Ali se retiró en 1981, pero siguió siendo un icono del deporte y de la sociedad hasta que falleció en 2016.

Muhammad Ali aún hoy es considerado uno de los más grandes de todos los tiempos²

Vida temprana y carrera en el boxeo

Muhammad Ali nació el 17 de enero de 1942 en Louisville, Kentucky. Subió por primera vez al ring a los 12 años y pronto se dio cuenta de su talento. Ali ganó numerosos títulos como boxeador aficionado y llegó a ganar la medalla de oro olímpica en 1960. Poco después se unió a las filas profesionales y se convirtió en campeón del mundo de los pesos pesados a los 22 años. Ali fue el primer boxeador en ganar tres veces el título de los pesos pesados.

Personalidad y activismo

Muhammad Ali era algo más que un boxeador. Tenía una personalidad carismática con un don natural para la oratoria. Era ingenioso, encantador y siempre tenía listo un buen chiste. Ali era también un activista político y social, que defendía sus creencias incluso cuando no estaba de moda. Por ejemplo, en la década de 1960, se negó a ser reclutado por el ejército para luchar en la guerra de Vietnam, alegando sus creencias religiosas y su oposición. Esta decisión le costó tres años de su carrera como boxeador, pero nunca vaciló en sus opiniones.

La filantropía de Ali

Además de ser un gran atleta y activista, Muhammad Ali fue un filántropo. Participó en numerosas organizaciones y causas benéficas, como la Fundación Make-A-Wish y las Olimpiadas Especiales. Creó el Muhammad Ali Center, un museo y centro cultural en su ciudad natal, Louisville, Kentucky, dedicado a promover el respeto, la comprensión y la tolerancia. Ali creía verdaderamente en devolver algo a su comunidad y en utilizar su fama e influencia para el bien.

El legado de Ali

El legado de Muhammad Ali es de excelencia, valentía y responsabilidad social. Fue un pionero en el mundo del deporte, allanando el camino para que otros atletas afroamericanos triunfaran. Su activismo político y social inspiró a una generación, defendiendo sus creencias incluso cuando era difícil. Retribuyó a su comunidad de innumerables maneras, dejando un impacto duradero en el mundo. El nombre de Muhammad Ali se asociará para siempre con la grandeza, y su legado seguirá inspirando a todo el mundo durante generaciones.

Muhammad Ali fue una figura grande y dejó una huella indeleble en el mundo. Fue un atleta de talento, un activista político y social y un filántropo. Pero lo más importante es que fue un gran ser humano que inspiró a todos a ser lo mejor posible. El legado y los logros de Muhammad Ali seguirán celebrándose durante generaciones, como recuerdo del poder de una persona para marcar la diferencia.

Mike Tyson

Mike Tyson fue uno de los púgiles más agresivos y dominantes de la historia de este deporte. Se convirtió en el campeón de boxeo de los pesos pesados más joven a la edad de 20 años y mantuvo el título durante tres años. Tyson era conocido por su impresionante juego de piernas, sus golpes devastadores y su aura intimidatoria. Tuvo una carrera controvertida plagada de dificultades personales, pero Tyson sigue siendo una figura popular e influyente en este deporte.

Mike Tyson se convirtió en el campeón de los pesos pesados más joven con 20 años[9]

Carrera profesional

La carrera boxística de Mike Tyson comenzó en su adolescencia. Debutó como profesional en 1985 y rápidamente dominó a sus oponentes. El estilo de Tyson era duro y agresivo, lo que le valió numerosas victorias. Ganó sus primeros veinte combates por KO, lo que lo colocó en el punto de mira como una futura superestrella. Tyson ganó su primer título mundial en 1986 al derrotar a Trevor Berbick y se convirtió en el campeón de los pesos pesados más joven de la historia de este deporte.

Victorias notables

El estilo y el éxito de Tyson en el ring siguieron cimentando su legado como uno de los mejores boxeadores de todos los tiempos. Era temido por su potencia y agilidad y llegó a ganar más títulos mundiales a lo largo de su carrera. Entre las victorias notables de Tyson se incluyen su nocaut a Larry Holmes, su victoria sobre Michael Spinks y su combate contra Frank Bruno, en el que ganó el campeonato del CMB. Tyson se retiró del boxeo profesional en 2005 con 50 victorias, seis derrotas y dos no-contestaciones. Su potencia y dedicación a este deporte le convirtieron en un icono y un modelo a seguir para los boxeadores de todo el mundo. El legado de Tyson en el boxeo es innegable y está considerado como uno de los mejores boxeadores de la historia.

La personalidad de Tyson

El impacto de Tyson se extiende más allá del ring de boxeo. Su personalidad y carisma lo convirtieron en un icono de la cultura pop. Ha aparecido en numerosas películas, programas de televisión y vídeos musicales. Además, las memorias de Tyson, *Undisputed Truth*, cuentan la historia de su vida y ofrecen al público una mejor comprensión del hombre que hay detrás de los guantes. El legado y los logros de Mike Tyson como boxeador han inspirado a muchos. Su fuerza, resistencia y dedicación a este deporte lo han convertido en una leyenda. Puede que la carrera de Tyson se viera empañada por las controversias, pero su determinación para superarlas lo convirtió en un modelo a seguir para los boxeadores de todo el mundo. Siempre será recordado como uno de los mejores boxeadores de la historia, y su impacto en el deporte del boxeo nunca será olvidado.

Floyd Mayweather Jr.

Floyd Mayweather Jr., conocido como «Money», es un boxeador estadounidense retirado que no necesita presentación. Es considerado uno de los mejores boxeadores de todos los tiempos, con logros sin parangón en este deporte. Floyd Mayweather Jr. se hizo un nombre por su imbatible estilo de lucha, un impresionante récord de victorias y un fastuoso estilo de vida fuera del ring. Además, el talento y la dedicación de Mayweather Jr. le han valido el reconocimiento mundial, y es aclamado por muchos como el mejor boxeador defensivo de todos los tiempos. Profundicemos en su legado y sus logros como boxeador y comprendamos qué lo ha convertido en el campeón invicto.

Antecedentes y carrera

Mayweather Jr. nació en Grand Rapids, Michigan, el 24 de febrero de 1977. Comenzó a entrenar a una edad temprana, inspirado por los antecedentes boxísticos de su familia. Su padre, sus tíos y su abuelo eran todos boxeadores, y le inculcaron disciplina, trabajo duro y determinación. La carrera de boxeador profesional de Mayweather Jr. comenzó en 1996, cuando ganó su primer combate profesional contra Roberto Apodaca. A continuación, ganó muchos más títulos, como el de superpluma del CMB, el de peso ligero del CMB, el de peso medio ligero de la AMB (Super), el de peso medio ligero del CMB, el de peso welter de la AMB (Super), el de peso welter del CMB, el de peso welter ligero de la AMB (Super), el de peso welter de la FIB y el de peso welter de la OMB.

Victorias notables

Mayweather Jr. es conocido por su famoso combate contra Manny Pacquiao en 2015, apodado la «Pelea del Siglo». Mayweather Jr. ganó el combate por decisión unánime, conservando su récord invicto. El estilo de combate defensivo de Mayweather Jr. lo diferencia de otros boxeadores. Nunca ha sido noqueado ni derribado, destacando su habilidad para evitar golpes y mantener el control en el ring. Su técnica ha inspirado a muchos boxeadores jóvenes, y su dedicación al entrenamiento es encomiable. Aparte de sus logros en el ring, Mayweather Jr. es conocido por su fastuoso estilo de vida. A menudo hace alarde de su riqueza, sus coches lujosos, sus jets privados y sus relojes caros. Sus fans lo adoran por su extravagante personalidad y su confianza dentro y fuera del ring.

El legado de Floyd Mayweather Jr. como boxeador siempre permanecerá inigualable. Su récord imbatible, su impresionante colección de títulos y su estilo de combate defensivo lo convierten en uno de los mejores boxeadores de la historia. Ha inspirado a muchos boxeadores jóvenes con su dedicación al entrenamiento y al perfeccionamiento de su oficio. Su fastuoso estilo de vida fuera del ring lo ha convertido en una celebridad. El legado de Floyd Mayweather Jr. como boxeador seguirá inspirando y asombrando a la gente durante generaciones.

Otros boxeadores notables

Aparte de Ali y Tyson, muchos otros boxeadores fueron legendarios durante la Era Común, entre ellos Sugar Ray Leonard, Julio César Chávez, Óscar De La Hoya y Manny Pacquiao. Estos hombres aportaron su estilo y personalidad únicos al cuadrilátero y construyeron legados que impactaron a generaciones. Han dejado su huella en el boxeo, el deporte y la sociedad, inspirando a personas de todo el mundo a abrazar el deporte, perseguir sus sueños y superar las adversidades. Sus logros y contribuciones siguen siendo celebrados y estudiados de diversas formas, desde libros y documentales hasta películas y arte. Han establecido nuevos estándares para el deporte, y sus legados inspiran a futuros boxeadores y atletas a perseguir la grandeza.

El boxeo sigue siendo uno de los deportes más queridos y vistos en todo el mundo. Hoy en día, muchos boxeadores de talento se dedican a este deporte y a construir sus legados. El impacto de Ali, Tyson y otros boxeadores notables de la era moderna continúa mientras los púgiles más jóvenes se esfuerzan por emular su estilo y su éxito. El deporte no sería el mismo sin estos grandes hombres, cuyos legados seguirán inspirando y entreteniendo a la gente de todo el mundo.

El boxeo es un arte atemporal, y las futuras generaciones de púgiles seguirán aprendiendo de los logros de los grandes que les precedieron.

Este capítulo abarca los orígenes del boxeo, la transformación de este deporte durante la era moderna y algunos de los boxeadores más notables de esta época. Desde Muhammad Ali hasta Floyd Mayweather, Jr., estos hombres dieron una forma única a este deporte y dejaron una huella indeleble en el boxeo, la sociedad y el mundo. El legado de estos grandes sigue inspirando y entreteniendo a personas de todas las edades, y sus logros serán estudiados, celebrados y emulados durante años.

Capítulo 2: Iniciación al boxeo I: reglas y estilos de lucha

¿Quiere iniciarse en el boxeo, pero necesita ayuda para saber por dónde empezar? Entonces, es hora de prepararse y aprender las reglas y los estilos de combate.

El boxeo es un ejercicio y un deporte estimulante para ver y practicar. Hay una gran variedad de estilos de lucha entre los que elegir, cada uno con técnicas y estrategias únicas. Sin embargo, antes de subir al ring, es fundamental comprender las reglas básicas del boxeo, las posturas de combate adecuadas y cómo lanzar golpes y defenderse.

Este capítulo abarca las reglas generales del boxeo, el *Código Queensberry de Reglas para el boxeo* y varios estilos de combate. Desde swarmers y *couterpunchers* hasta *sluggers* y *out-boxers*, ofrece una descripción detallada de cada tipo para que pueda descubrir cuál se adapta mejor a usted. El amor por el boxeo puede compartirse con amigos, familiares o desconocidos. Entonces, adentrémonos en los entresijos del boxeo y exploremos algunas reglas básicas de este deporte.

Reglas generales del boxeo: todo lo que necesita saber

El boxeo es un deporte admirado por millones de personas en todo el mundo[4]

El boxeo es uno de los deportes más populares en todo el mundo, con millones de aficionados que disfrutan de la emoción y el entusiasmo de cada combate. Sin embargo, comprender correctamente las reglas y normas es esencial para disfrutar del juego y apreciar el arte del boxeo. He aquí las reglas generales que es esencial conocer antes de empezar a ver o participar en este deporte.

Objetivo

El objetivo principal de un combate de boxeo es ganar por nocaut o por puntos, dependiendo de la modalidad del deporte. Una victoria por nocaut requiere noquear al oponente de forma que no pueda volver al combate a la cuenta de 10, o que un árbitro detenga el combate porque el boxeador corre peligro de sufrir lesiones o daños graves (nocaut técnico). Por el contrario, una victoria por puntos se produce cuando un boxeador asesta más golpes exitosos al oponente durante el combate.

Puntuación

La puntuación en el boxeo se basa en el número de golpes asestados exitosamente a lo largo del combate. Además, los jueces evalúan y puntúan a cada boxeador en función de su capacidad para asestar golpes en el cuerpo o la cabeza del adversario. El puñetazo debe aterrizar con la parte delantera del guante cerrado de la mano, y sólo se tienen en cuenta los puñetazos por encima de la cintura. Los puñetazos por debajo de la cintura se consideran faltas a menos que la cabeza del boxeador baje hasta ese nivel.

Faltas

El boxeo tiene reglas estrictas en cuanto a las faltas. Las faltas más comunes incluyen sujetar, golpear por debajo del cinturón, golpear la parte posterior de la cabeza y dar cabezazos. Los boxeadores no pueden utilizar los codos u otras partes del cuerpo para golpear al adversario. Además, los boxeadores no deben morder, escupir o causar daño intencionadamente a su oponente.

El tono de voz

Un boxeador debe mantener un tono y una conducta respetuosos cuando boxea. Un comportamiento irrespetuoso como burlarse de un oponente o utilizar un lenguaje abusivo se considera poco profesional y es potencialmente peligroso. Los boxeadores deben seguir las instrucciones del árbitro y dejar de pelear cuando se les indique. No hacerlo puede llevar a la descalificación.

Equipo de protección

El equipo de protección es esencial para los boxeadores aficionados y profesionales. El equipo de protección más importante es un protector bucal que proteja los dientes y las encías de posibles daños. Se aconseja a los boxeadores que lleven vendas y guantes para proteger las manos y las muñecas de fracturas durante el impacto. Además, el casco de boxeo protege la cabeza y la cara de cortes y magulladuras. Los boxeadores que compiten profesionalmente suelen llevar sólo guantes y un protector bucal, pero los boxeadores aficionados suelen llevar más equipo de protección.

El *Código Queensberry de Reglas para el boxeo*: una breve historia

El boxeo es un deporte que existe desde los antiguos griegos, pero fue a mediados del siglo XIX cuando se estableció un conjunto de reglas estándar. El *Código Queensberry de Reglas para el boxeo* se introdujo en 1867, anunciando una nueva era del boxeo que hacía hincapié en la seguridad, el juego limpio y la deportividad. Exploremos los orígenes del *Código Queensberry*, sus características clave y su impacto en el deporte del boxeo.

Orígenes del *Código de Queensberry*

Antes del establecimiento del *Código de Queensberry*, el boxeo era un deporte brutal y a menudo mortal. Los organizadores de las peleas enfrentaban a menudo a hombres de tamaños muy diferentes, lo que provocaba lesiones y muertes. Las reglas eran mínimas y las peleas continuaban hasta que uno de los púgiles quedaba incapacitado. Con el tiempo, esto provocó una protesta pública y llamadas a la reforma. En 1865, John Sholto Douglas, noveno marqués de Queensberry, escribió una carta al periódico *Sporting Life* en la que pedía un conjunto estándar de reglas que rigieran el deporte del boxeo. Dos años más tarde, se publicó el *Código de Queensberry*, que inauguró una nueva era de juego limpio y seguridad en el boxeo.

Características principales del *Código Queensberry*

El *Código de Queensberry* estableció varias reglas nuevas que aún se utilizan en el boxeo hoy en día. En primer lugar, ordenó el uso de guantes para reducir las lesiones y las muertes en este deporte. Estableció la duración de los asaltos (tres minutos), el número de asaltos (hasta 15) y la duración de los descansos entre asaltos (un minuto). El *Código* introdujo el concepto de «derribo y fuera de combate»: si un púgil era derribado al suelo y no podía levantarse en 10 segundos, el combate terminaba. Además, el *Código de Queensberry* prohibía el forcejeo, la lucha libre y otras formas de juego «sucio».

El impacto del *Código Queensberry*

El *Código Queensberry* tuvo un impacto inmediato y profundo en el boxeo. Hizo que el boxeo fuera más seguro para los púgiles y más apetecible para el público, aumentando su popularidad. El *Código* dio lugar a una nueva raza de boxeadores profesionales entrenados en el boxeo en lugar de confiar en la fuerza bruta. Además, estableció el marco de los combates de boxeo modernos, incluyendo las clases de peso, las clasificaciones y los combates de campeonato. Hoy en día, el *Código de Queensberry* sigue siendo la base de las reglas del boxeo en la mayoría de los países del mundo.

El *Código Queensberry de Reglas para el boxeo* fue un momento histórico para este deporte. Transformó el boxeo de un espectáculo brutal y a menudo mortal en un deporte que enfatizaba la habilidad, la deportividad y el juego limpio. El *Código* estableció un conjunto estándar de reglas y sentó las bases para el boxeo moderno tal y como lo conocemos ahora. Gracias a la visión de John Sholto Douglas, noveno marqués de Queensberry, el boxeo es un deporte más seguro y respetado.

Diferentes estilos de lucha

El boxeo es un deporte que requiere precisión, fuerza y agilidad. Con tantos estilos de lucha diferentes, cada boxeador aporta un enfoque único al cuadrilátero, desde el llamativo juego de pies de Muhammad Ali hasta los devastadores *uppercuts* de Mike Tyson. La diversidad de estilos de boxeo permite un combate emocionante en todo momento. Tanto si un boxeador prefiere la táctica defensiva del *counterpuncher* o la ofensiva implacable del *swarmer*, la belleza de este deporte reside en la creatividad y la adaptabilidad de cada púgil. Entonces, ¿quién saldrá victorioso del ring? La respuesta está en la combinación única de estrategia y atletismo de los púgiles.

El estilo *swarmer*: el arte de presionar en el boxeo

Cada estilo de boxeo tiene su encanto único. El estilo *swarmer* se basa en la agresión y la presión sin descanso. Los *swarmers* son conocidos por su enfoque implacable y su presión constante. Pasan la mayor parte del tiempo en el interior, lanzando duros golpes y combinaciones. Profundicemos en el estilo *swarmer*, exploremos su historia y expliquemos cómo funciona.

Orígenes

El estilo de boxeo *swarmer* surgió a principios del siglo XX y fue popularizado por boxeadores como Rocky Marciano y Joe Frazier. Este estilo se caracteriza por la habilidad del boxeador para meterse en la guardia de su rival y lanzar golpes rápidos y potentes desde corta distancia. Además, los *swarmer*s son conocidos por su gran resistencia y la intensa presión que ejercen sobre sus oponentes. Aplican una presión constante e implacable para desgastar a sus oponentes.

Conceptos básicos

Los boxeadores *swarmer* suelen ser más bajos, pero tienen un físico poderoso y una gran resistencia. Su estrategia consiste en entrar en la guardia de su oponente y lanzar múltiples golpes con rapidez. Su objetivo es mantener a sus oponentes a contrapié, presionando hacia delante y lanzando combinaciones. Este estilo es excelente para boxeadores con una barbilla fuerte y que puedan absorber los golpes, ya que suelen recibir golpes con bastante frecuencia.

Atributos

Un atributo crítico de un boxeador *swarmer* es su juego de pies. Deben ser rápidos y ágiles con los pies para entrar en la guardia de su oponente y lanzar golpes. Los *swarmers* son expertos en deslizar golpes y abrirse paso entre la guardia de su oponente. Sin embargo, necesitan excelentes reflejos y sentido de la distancia para asestar golpes eficaces.

En la cultura popular

El estilo *swarmer* ha sido muy utilizado por boxeadores como Mike Tyson, conocido por sus ataques implacables, sus rápidas combinaciones y su feroz potencia de golpeo. Tyson utilizó este estilo para ganar el campeonato de los pesos pesados a la edad de 20 años, lo que le convirtió en el campeón de los pesos pesados más joven de la historia. Otros boxeadores notables que utilizaron el estilo *swarmer* son Joe Frazier, Roberto Durán y Julio César Chávez.

El estilo *swarmer* es una forma emocionante y eficaz de luchar en el boxeo. Su estilo requiere una gran resistencia, un excelente juego de piernas y una presión implacable sobre el oponente. Los *swarmers* son conocidos por su habilidad para entrar en la guardia de su oponente y lanzar potentes golpes en rápida sucesión.

Liberar la fuerza del estilo de boxeo *Out-Boxer*

El boxeo es un deporte de combate que requiere disciplina, concentración, velocidad y estrategia para ganar. Uno de los estilos de boxeo más convincentes es la técnica del *out-boxer*. Este estilo hace hincapié en los golpes de largo alcance, la movilidad y el juego de piernas para superar al adversario. He aquí un breve resumen del estilo de boxeo *out-boxer*, cómo funciona y por qué es una estrategia excelente para el arsenal de un boxeador.

El estilo *out-boxer* suele denominarse el estilo de boxeo «golpea y que no te golpeen». El objetivo principal es mantenerse a una distancia segura del oponente, utilizando mucho juego de piernas y movilidad mientras se centra en los golpes de largo alcance. Esta técnica requiere reflejos rápidos, sincronización precisa y una excelente coordinación mano-ojo, algo esencial para cualquier boxeador de éxito.

Un boxeador debe estar familiarizado con los diferentes golpes y combinaciones para utilizar la técnica del *out-boxer* con eficacia. El *jab* es un golpe estándar utilizado para el ataque y la defensa. Mantiene a distancia y con eficacia a los oponentes mientras prepara otros golpes. El *cross*, el gancho y el *uppercut* son golpes utilizados en el estilo *out-boxer*. Estos puñetazos crean ángulos, perturban el equilibrio del adversario y crean aperturas para los contraataques.

El juego de pies es una parte integral del estilo de lucha del *out-boxer*. Los luchadores deben ser móviles y eficientes a la hora de moverse dentro y fuera del alcance, manteniendo al mismo tiempo el equilibrio y la técnica adecuados. El juego de pies del *out-boxer* combina pivotes, círculos y movimientos laterales, lo que les permite superar a sus oponentes con rapidez y eficacia. La defensa es importante en el estilo *out-boxer*, dando prioridad a la defensa antes que al ataque. Utilizan su juego de pies para rodear y evadir los golpes de sus oponentes y confían en su postura de boxeo, el movimiento de la cabeza y la combinación de bloqueos, delices y paradas para evitar ser golpeados mientras preparan contraataques.

Uno de los retos del estilo *out-boxer* es que requiere una resistencia excepcional. Los boxeadores deben moverse con rapidez durante un tiempo prolongado, lanzar golpes de largo alcance y mantener su precisión, sincronización y velocidad. Deben tener la paciencia de esperar el momento adecuado para golpear, utilizando un movimiento superior para crear oportunidades de asestar golpes decisivos. El estilo *out-boxer* es una excelente estrategia de boxeo, que ofrece una mezcla única de velocidad, precisión y movilidad. Es una técnica inteligente que permite al boxeador controlar el ritmo del combate mientras mantiene a su oponente a una distancia segura. Sin embargo, dominar este estilo requiere disciplina, concentración, un entrenamiento constante y el desarrollo de habilidades y técnicas específicas.

Los aspirantes a boxeadores pueden aprender más sobre el estilo *out-boxer* y dominarlo observando y emulando a púgiles *out-boxer* de éxito y trabajando con entrenadores experimentados que comprendan los matices de este estilo de combate. Si aspira a convertirse en un boxeador de éxito, considere la posibilidad de incorporar el estilo *out-boxer* a su repertorio y prepárese para dar rienda suelta a su fuerza y precisión en el cuadrilátero.

¿Qué es el estilo de boxeo *slugger* y por qué debería probarlo?

El boxeo le proporciona un entrenamiento de todo el cuerpo a la vez que perfecciona su coordinación y atletismo en general. Sin embargo, con tantos estilos de boxeo diferentes, encontrar el que mejor se adapte a usted puede llevarle mucho trabajo. Empiece con el estilo de boxeo *slugger*. Esta forma de boxeo combina potencia y agresividad, así que si le gusta el cuerpo a cuerpo, éste podría ser el estilo de boxeo perfecto para usted. Pero primero, sumerjámonos en lo que hace que el estilo de boxeo *slugger* sea tan único.

Mucho poder

El estilo de boxeo *slugger* es conocido por basarse en la potencia y los golpes fuertes. Significa que el estilo *slugger* consiste en asestar puñetazos fuertes y encajar golpes contundentes en lugar de basarse en movimientos rápidos y agilidad como otros estilos de boxeo. El estilo de boxeo *slugger* es perfecto para aquellos con una aptitud natural para la fuerza y la potencia duradera.

Centrado en el combate cuerpo a cuerpo

Otro elemento crítico de este estilo de boxeo es su enfoque en el combate cuerpo a cuerpo. Debe sentirse cómodo lanzando y recibiendo golpes en circunstancias de corta distancia para tener éxito con el *slugger*. Así que, si le gusta entrar y pelear sucio, el estilo de boxeo *slugger* puede ser para usted.

Adecuado para boxeadores más altos

Encontrar un estilo de boxeo que se adapte a usted puede ser todo un reto si mide más de 1,80 m. Muchas técnicas de boxeo se basan en la agilidad y la velocidad, que pueden ser más difíciles de ejecutar para los boxeadores más altos. Sin embargo, el estilo de boxeo *slugger* es perfecto para un boxeador más alto porque hace hincapié en la fuerza y la potencia, lo que se ajusta bien a los boxeadores con un alcance más extenso.

Requiere una defensa adecuada

Aunque el *slugger* hace hincapié en la ofensiva y en los golpes contundentes, es crucial desarrollar unas habilidades defensivas sólidas. Al estar constantemente en el bolsillo, debe protegerse de los golpes entrantes de su oponente. Sin una defensa adecuada, podrá abrirse a los golpes corporales, reduciendo su resistencia, afectando a su respiración y debilitando su guardia. Por lo tanto, practique sus técnicas de defensa y mejórelas continuamente para protegerse de los ataques enérgicos.

Fomenta la disciplina y la concentración

Todos los estilos de boxeo requieren trabajo duro y dedicación. El boxeo *slugger* no es una excepción, ya que exige mucha práctica y concentración, pero la recompensa es inmensa. Al centrarse en movimientos y técnicas que se apoyan en la fuerza y la potencia del cuerpo, el slugging proporciona una disciplina que se traslada a otros aspectos de la vida. La práctica regular y la persistencia le enseñarán a mantener la concentración y a superar los obstáculos dentro y fuera del cuadrilátero.

El estilo de boxeo *slugger* es un estilo de boxeo único que podría ser el ajuste perfecto para cualquier persona que quiera enfatizar su poder físico y sus habilidades de combate cuerpo a cuerpo. Esta técnica de boxeo proporciona una forma física dinámica pero desafiante de mejorar sus habilidades de agilidad, fuerza y resistencia. El estilo de boxeo *slugger* exige dedicación y trabajo duro, pero los beneficios físicos y la disciplina son inmensos. Si está considerando explorar diferentes estilos de boxeo, el estilo de boxeo *slugger* es una excelente opción para mejorar su entrenamiento general.

Desatar el *Counterpuncher*: por qué vale la pena aprender este estilo de boxeo

Una técnica del boxeo que puede darle ventaja sobre su oponente es el *counterpuncher*. Este estilo de boxeo utiliza los movimientos agresivos de su oponente y los convierte en oportunidades para un contraataque eficaz. Aunque dominar un estilo de boxeo requiere tiempo y esfuerzo, merece la pena aprender este estilo; esta sección explora por qué.

El elemento sorpresa

Contragolpear es aprovecharse de las expectativas de su adversario. En un momento, piensan que tienen las de ganar. Al siguiente, quedan aturdidos por la eficacia de su contragolpe. Esto le da a usted el control y puede sacudir la confianza de su adversario, haciéndole vacilar a la hora de volver a atacar.

La importancia de la defensa

Como cualquier boxeador sabe, la defensa es tan crítica como el ataque. En el *counterpuncher*, la defensa está en primer plano. Se centrará en deslizarse, zigzaguear y bloquear los ataques de su oponente para crear aperturas que pueda explotar con un contragolpe.

Pensamiento estratégico

Contragolpear requiere mucha estrategia y sincronización. Debe leer los movimientos de su oponente, anticiparse a sus ataques y saber cuándo golpear para maximizar la eficacia de su contragolpe. Esta habilidad mejora su boxeo y le ayuda a convertirse en un pensador más estratégico.

Versatilidad

Uno de los beneficios más significativos de dominar el contragolpe es su versatilidad. Esta técnica puede emplearse contra diversos oponentes, desde agresivos pendencieros hasta boxeadores más calculadores, lo que la convierte en una valiosa habilidad bajo la manga. La clave está en practicar, perfeccionar sus habilidades y mantenerse alerta para ganar ventaja en el cuadrilátero.

Fomentar la confianza

Por último, aprender el contragolpe puede hacer maravillas por su confianza en el ring. A medida que se familiarice con la técnica, desarrollará un mejor control durante los combates, lo que le llevará a realizar movimientos audaces y seguros de sí mismo y, en última instancia, a obtener mejores resultados y victorias. El nivel de confianza de dominar esta técnica es difícil de exagerar y bien merece el esfuerzo.

El contragolpe es una técnica difícil de aprender, pero sus beneficios son numerosos. Desde mantener a su oponente adivinando y mejorar su defensa hasta desarrollar el pensamiento estratégico, la versatilidad y la confianza, no es de extrañar que muchos boxeadores lo consideren una herramienta esencial en su arsenal. Así que considere añadir esta técnica a su repertorio la próxima vez que entrene y observe cómo crecen sus habilidades boxísticas y su confianza.

Artes marciales mixtas (MMA)

Las Artes Marciales Mixtas (MMA) son una mezcla de varios estilos de artes marciales que se centra en las técnicas de golpeo y agarre. Aunque los luchadores de MMA utilizan predominantemente los codos, las rodillas y las patadas para marcar puntos o noquear a sus oponentes, el boxeo es un aspecto esencial de este deporte. El golpeo al estilo del boxeo destaca la importancia de un juego de pies preciso, el movimiento de la cabeza y los puñetazos potentes. Exploremos la importancia del boxeo en las MMA y descubramos cómo lo utilizan los luchadores de MMA para dominar a sus oponentes en la jaula.

Las artes marciales mixtas son una mezcla de diferentes estilos de lucha[5]

Juego de pies y movimiento de cabeza

El boxeo se basa en el juego de piernas y el movimiento de la cabeza; lo mismo se aplica a las MMA. Un luchador de MMA debe evitar los derribos y los golpes mientras se mueve por la jaula. Un juego de pies adecuado permite al luchador entrar y salir del alcance, mantener la distancia adecuada y ajustar sus ángulos de golpe en tiempo real. El movimiento de cabeza implica que el defensor mueva la cabeza para evitar un golpe mientras lanza simultáneamente un contragolpe. Esta técnica es esencial para los boxeadores y puede integrarse en las MMA.

Juzgar golpes y combinaciones

El boxeo implica juzgar los golpes lanzados por el adversario y anticipar cuál será el siguiente. Leer al oponente es increíblemente importante, ya sea a través de las expresiones faciales, el lenguaje corporal o cómo se mueve. Un boxeador debe aprender a lanzar combinaciones para tender una trampa a su oponente y conseguir un golpe de nocaut. Los luchadores de MMA utilizan estas técnicas para anticiparse a los movimientos de su oponente y lanzar un contraataque eficaz.

Puñetazos potentes y defensa

Un puñetazo de potencia es un golpe con poder de nocaut o con la capacidad de infligir un daño significativo al rival. Los puñetazos de potencia pueden lanzarse desde distintos ángulos y su objetivo es derribar al rival o crear una abertura para un golpe de continuación. Los luchadores de MMA utilizan los puñetazos de potencia y los incorporan a las técnicas golpeo en el suelo cuando derriban a un rival. Del mismo modo, la defensa al estilo del boxeo es una parte integral de las MMA. Los luchadores utilizan giros de hombros, paradas y deslizamientos para evitar golpes y contraataques mientras sus rivales se exponen.

Trabajo de pies y control de la jaula

El juego de pies del boxeo hace hincapié en mantener el control sobre el ring, crear ángulos y posicionarse para un ataque o una defensa. En las MMA, el luchador debe utilizar el control de la jaula, lo que significa que debe mantenerse hacia afuera contra un rival o contra un luchador de BJJ (Jiu-Jitsu brasileño) mientras se posiciona para lanzar golpes efectivos. Un juego de pies eficaz y el control de la jaula pueden marcar la diferencia entre perder o ganar un combate.

Acondicionamiento e IQ de lucha

El boxeo en MMA requiere un acondicionamiento, una preparación mental y un coeficiente intelectual de lucha significativos. Los púgiles deben estar condicionados para lanzar golpes a gran intensidad durante varios asaltos y tener al mismo tiempo la resistencia necesaria para forcejear en los últimos asaltos. El cociente intelectual de lucha implica un alto nivel de conciencia de combate que permita al luchador adaptarse al ritmo de un combate, mantener la compostura y ejecutar estrategias según las habilidades del oponente. Para ser un luchador de MMA de alto nivel con un IQ de lucha, debe boxear con regularidad, centrarse en el acondicionamiento, estudiar a su oponente y aprender nuevas técnicas.

Ya se trate del juego de piernas, el movimiento de la cabeza, los golpes potentes, la defensa o incluso el cociente intelectual de lucha, el boxeo puede dar a los luchadores de MMA la ventaja para dominar y ganar sus combates. Además, aprender y utilizar correctamente estas técnicas mejora significativamente las posibilidades de los luchadores de ganar un combate. Por lo tanto, los aspirantes a luchadores de MMA deberían incorporar el boxeo a su régimen de entrenamiento para elevar su nivel, aumentar sus posibilidades de triunfar y, en última instancia, convertirse en campeones.

El boxeo es un deporte no apto para los débiles de corazón. Su objetivo es noquear o conseguir más puntos que su oponente a base de golpes. Sin embargo, hay que seguir muchas normas y reglamentos para garantizar un combate limpio. Ningún boxeador elegiría deliberadamente ser penalizado por faltas.

El *Código Queensberry de Reglas de boxeo* es la norma para todos los combates de boxeo. Más allá de las reglas están los diferentes estilos de combate que adoptan los boxeadores. Algunos son *swarmer*s, siempre a la ofensiva, mientras que otros son *out-boxer*s que prefieren pelear a distancia. Algunos boxeadores van a por el golpe de nocaut, y los *counterpunchers* esperan para golpear. Debido al auge de las Artes Marciales Mixtas (MMA), el boxeo ha adquirido una nueva dimensión. Con tantos estilos y reglas, el boxeo le mantendrá siempre alerta.

Capítulo 3: Iniciación al boxeo II: equipamiento y acondicionamiento físico

¿Está listo para comenzar su camino en el boxeo? Si se toma en serio lo de convertirse en boxeador, debe invertir en equipo y material de alta calidad. Desde guantes y ropa hasta vendas para las manos y equipos de *fitness*, el equipo es fundamental para garantizar que se mantenga seguro y rinda al máximo. Tanto si busca telas transpirables como acolchadas, elegir la ropa adecuada puede afectar significativamente su comodidad y rendimiento. Empezar con la ropa y el equipo adecuados es esencial si está preparado para entrenar como un boxeador profesional.

Este capítulo trata de los distintos tipos de ropa y equipamiento de boxeo, incluidas las vendas para las manos y los guantes. Examina las técnicas para ponerse en forma y acondicionar su cuerpo para el combate. El capítulo concluye con consejos de boxeadores expertos sobre el entrenamiento físico. Recuerde que el mejor equipo de boxeo y las mejores técnicas de acondicionamiento físico sólo serán eficaces si sigue una dieta adecuada. Al final de este capítulo, debería comprender mejor los entresijos del boxeo.

La guía definitiva del equipo, ropa y equipamiento de boxeo

Si le apasiona el boxeo, sabrá que el equipo adecuado puede marcar la diferencia en su entrenamiento y su rendimiento. Sin embargo, elegir su equipo y ropa puede resultar abrumador con tantas opciones disponibles. Esta sección explora todo lo que necesita para una rutina de boxeo exitosa y segura, desde los guantes hasta los protectores bucales, pasando por la ropa y el equipamiento.

Guantes

Guantes de boxeo[6]

Un buen par de guantes es esencial para cualquier boxeador. Los guantes vienen en una gama de pesos, normalmente de 8 a 20 onzas. El peso correcto depende de su peso y nivel de habilidad. Si es principiante, es mejor empezar con un guante más ligero. Preste atención al ajuste y al cierre, de cordones o de velcro, cuando elija los guantes. Los guantes de cuero son más duraderos, pero los guantes híbridos con nailon y cuero sintético son más ligeros.

Envolturas para manos

Las vendas para manos protegen muñecas y nudillos[7]

Las vendas para las manos son tan esenciales como los guantes. Protegen sus manos, muñecas y nudillos de lesiones. Las envolturas vienen de varias longitudes, pero la de 180 pulgadas es la más común. Envolverse las manos ayuda a mantener un buen agarre de los guantes. La técnica básica consiste en empezar cubriéndose la muñeca, los nudillos y los dedos.

Protectores bucales

Los protectores bucales ayudan a proteger sus dientes[8]

Proteger sus dientes es primordial en el boxeo. Un protector bucal es un equipo barato y eficaz que puede salvarle de lesiones orales y, en casos graves, cerebrales. Los protectores bucales tienen dos tipos básicos y pueden personalizarse para que se ajusten cómodamente a sus dientes. Debe ser lo suficientemente grueso para absorber el impacto de un puñetazo.

Ropa

Una vestimenta adecuada no sólo es esencial para la apariencia, sino para la comodidad y la seguridad. Los pantalones cortos de boxeo suelen ser holgados y llegar hasta medio muslo para ofrecer la máxima movilidad. Un buen calzado de entrenamiento que le sujete los tobillos es una pieza esencial del equipo. Por último, use una camiseta o chaleco de algodón con un sujetador deportivo (para las mujeres) para mayor comodidad.

Equipo de boxeo

Por último, pero no por ello menos importante, está el equipo de boxeo. Existen diversos equipos, como sacos de velocidad, pesados y de doble extremo. Asegúrese siempre de que el equipo se ajusta a su capacidad física. Obtendrá los mejores resultados de su entrenamiento cuando practique con el equipo adecuado.

El arte y la ciencia de vendarse las manos para boxear

Si se toma en serio el boxeo, conocerá la importancia de proteger sus manos durante los entrenamientos y las competiciones. Un vendaje de manos adecuado proporciona un valioso apoyo y protección a sus muñecas, nudillos y dedos. Mejora su potencia de golpeo y reduce el riesgo de lesiones. Esta sección trata sobre el arte y la ciencia de vendarse las manos para boxear.

Elija el tipo adecuado de vendas para las manos

En el mercado existen varias envolturas para las manos, desde las estándar de algodón hasta las de gel con mayor acolchado. La envoltura que elija dependerá de sus preferencias y necesidades. Las envolturas de algodón son la opción más común y asequible. Sin embargo, una envoltura de gel podría ser más adecuada si necesita un acolchado extra.

Prepare sus envolturas adecuadamente

Antes de empezar a vendarse, asegúrese de que sus vendas estén limpias y secas. Cualquier resto de humedad o sudor puede causar irritaciones y molestias durante el entrenamiento o la competición. Además, enrolle bien las vendas y guárdelas en una bolsa con cierre para evitar que se enreden a la vez que mantienen su elasticidad. Si utiliza una envoltura de gel, agítela antes de usarla.

Técnica de envoltura

No existe una técnica única para vendarse las manos. Existen muchos métodos, pero depende de usted encontrar el que mejor se adapte al tamaño y la forma de su mano. He aquí una guía general de la técnica más habitual:

1. Comience con un bucle alrededor del pulgar
2. Envuelva la muñeca varias veces, creando una base para los nudillos
3. Envuelva los nudillos varias veces, cruzando las envolturas sobre el dorso de la mano
4. Cubra el pulgar y continúe envolviendo hasta la muñeca, asegurando la envoltura con velcro o cinta adhesiva

Errores comunes que debe evitar

Algunos errores comunes que comete la gente cuando se envuelve las manos pueden reducir la eficacia de la envoltura o causar molestias y lesiones. Entre ellos se incluyen los siguientes:

1. Envolver demasiado apretado y restringir el flujo sanguíneo y el movimiento
2. No cubrir el pulgar, dejándolo así vulnerable
3. Cubrir los nudillos con demasiada holgura o demasiada fuerza, debilitándolos o reduciendo su movilidad.

Mantenimiento de las envolturas

Después del entrenamiento o competición, quítese las vendas con cuidado, límpielas y séquelas al aire. El sudor y las bacterias pueden acumularse, causando mal olor e irritación. Asimismo, sustituya inmediatamente sus vendas si han perdido elasticidad o muestran desgaste. Una envoltura floja no proporcionará a sus manos la protección y el apoyo necesarios.

El vendaje de las manos puede parecer un detalle menor, pero puede afectar significativamente su rendimiento y seguridad en el boxeo. Por lo tanto, es esencial elegir el vendaje adecuado, prepararlo correctamente y utilizar técnicas de vendaje apropiadas para garantizar la máxima sujeción, comodidad y protección. Además, recuerde evitar los errores comunes y mantener sus vendas para prolongar su vida útil y eficacia. Siguiendo estos consejos, podrá asegurarse de que sus manos están protegidas y capacitadas para asestar golpes de KO en el cuadrilátero.

La mejor ropa y guantes para boxear

Tanto si es nuevo en el boxeo como si lleva tiempo practicándolo, contar con la ropa y los guantes adecuados es fundamental para mejorar el rendimiento y protegerse de las lesiones. Con un sinfín de opciones, averiguar cuáles son los mejores artículos para invertir puede ser todo un reto. Esta sección profundiza en la mejor ropa y guantes para boxear.

Guantes de boxeo

Los guantes de boxeo son el equipo más importante de este deporte. Protegen sus manos y muñecas de lesiones mientras asesta golpes potentes. El guante que elija debe basarse en sus objetivos y su nivel de experiencia. Lo ideal es que los principiantes elijan un par de guantes ligeros, de entre 10 y 14 onzas, mientras que los profesionales pueden optar por guantes más pesados, de 16 a 20 onzas. EverLast, Cleto Reyes, Winning y Rival fabrican los mejores guantes.

Zapatos de boxeo

Las zapatillas de boxeo pueden ayudarle a rendir mejor'

Las zapatillas de boxeo deben ser ligeras y proporcionarle apoyo y estabilidad cuando se mueva por el cuadrilátero. Busque zapatillas con suela de goma para ayudarle a pivotar mejor y un tobillo alto que le proporcione un amplio apoyo y evite que se le muevan los tobillos. Adidas, Title y Ringside son las mejores marcas a las que debe echar un vistazo cuando compre calzado de boxeo.

Pantalonetas de boxeo

Los pantalones cortos de boxeo no tienen por qué ser caros, pero deben ser cómodos y permitir libertad de movimiento. Evite los pantalones cortos de algodón, ya que absorben demasiado sudor y resultan pesados. En su lugar, opte por los de nailon o poliéster con costuras laterales divididas para aumentar la flexibilidad. Algunas de las mejores marcas recomendadas son RDX, Venum y Hayabusa.

Casco de boxeo

Si quiere practicar *sparring*, debe llevar un casco protector. El arnés ofrece una protección adicional, reduciendo el riesgo de cortes y lesiones cerebrales. Su casco debe ajustarse bien y tener un acolchado adecuado para absorber los impactos. Algunas marcas populares conocidas por producir cascos de alta calidad son Title, Ringside y Winning.

La equipación de boxeo es una inversión esencial para mejorar sus habilidades boxísticas. El equipo adecuado mejora su rendimiento y le mantiene a salvo de lesiones. Los guantes de boxeo, los zapatos, los pantalones cortos, las vendas para las manos y el casco son los artículos más importantes de su bolsa de equipo. Considere la posibilidad de invertir en equipo de alta calidad de marcas de confianza, y estará un paso más cerca de convertirse en un profesional.

Fitness para boxeadores: entrene su cuerpo y su mente para convertirse en un campeón

El boxeo es uno de los deportes más populares del mundo y una forma estupenda de mantenerse en forma y sano. Se necesita mucho esfuerzo y dedicación para convertirse en un boxeador de éxito. No se trata sólo de golpear fuerte, sino de técnica, velocidad, agilidad y resistencia. En esta sección se trata todo lo relacionado con la forma física de los boxeadores.

¿Cualquiera puede empezar a entrenar como boxeador?

La respuesta es un gran SÍ. Cualquier persona apasionada por el boxeo y con dedicación puede empezar a aprender y entrenarse como boxeador. No importa su edad ni su tipo de cuerpo, el boxeo es para todos. Sin embargo, es crucial saber que el boxeo es un deporte intenso que requiere concentración y disciplina. Por lo tanto, si está dispuesto a esforzarse y sudar, no hay ninguna razón por la que no pueda convertirse en un gran boxeador.

Cómo entrenar su cuerpo para boxear

El boxeo es un deporte intenso que exige mucho de su cuerpo, por lo que una preparación adecuada es esencial. Los ejercicios cardiovasculares son un aspecto fundamental del boxeo, así que incluya correr, saltar a la cuerda y montar en bicicleta en su rutina de entrenamiento. Además, los ejercicios de entrenamiento de fuerza como flexiones, abdominales y sentadillas son imprescindibles para fortalecer brazos, piernas y tronco.

La dieta y su papel en el boxeo

Una dieta sana y equilibrada es igualmente vital para que los boxeadores rindan al máximo. Los púgiles necesitan mucha energía para seguir el ritmo de los rigurosos entrenamientos y combates. Lo mejor es seguir una dieta rica en proteínas, carbohidratos y grasas saludables. Incluya pollo, pescado, cereales integrales, verduras y fruta. Mantenerse hidratado durante todo el día es crucial, ya que la deshidratación puede afectar negativamente su rendimiento.

Salud mental y boxeo

El boxeo requiere una concentración y una fuerza mental inmensas. El estado mental de un boxeador afectará a su rendimiento, por lo que trabajar en su salud mental es esencial. Practique la meditación, el yoga o la visualización para mantener la calma y la concentración durante sus combates. Además, es importante fijarse objetivos alcanzables y celebrar sus logros.

Entrenamiento de fuerza general

El entrenamiento de fuerza ya no es sólo para culturistas o levantadores de pesas. Se ha convertido en una parte indispensable de cualquier rutina *fitness*, y todo el mundo, independientemente de su edad o sexo, puede beneficiarse. Como expertos en entrenamiento de fuerza, los boxeadores tienen muchas ideas valiosas que compartir. Sus regímenes de entrenamiento consisten en mejorar sus habilidades boxísticas y su fuerza y acondicionamiento generales. Esta sección cubre algunos de los consejos de entrenamiento de fuerza general de los boxeadores más talentosos.

No se salte el calentamiento

Antes de un entrenamiento intenso, es esencial realizar un calentamiento adecuado. Los boxeadores recomiendan empezar con ejercicios aeróbicos ligeros para hacer fluir la sangre. Algunos de sus ejercicios de calentamiento favoritos son los saltos de tijera, el *footing*, saltar la cuerda y el boxeo de sombra. Estos ejercicios ayudan a aumentar el ritmo cardiaco, calientan los músculos y reducen el riesgo de lesiones.

Céntrese en los ejercicios compuestos

La mejor manera de desarrollar la fuerza general es centrándose en los ejercicios compuestos. Estos ejercicios implican varios grupos musculares simultáneamente. Algunos ejemplos de ejercicios compuestos son las sentadillas, las estocadas, los levantamientos de peso muerto, los press de banca y los abdominales. Estos movimientos ayudan a desarrollar la fuerza y la estabilidad, beneficiando sus técnicas de boxeo y su salud física en general.

Incorpore ejercicios pliométricos

Los ejercicios pliométricos implican saltos y movimientos explosivos para desarrollar la potencia explosiva. Los boxeadores suelen incluir ejercicios pliométricos para mejorar la velocidad, la agilidad y la coordinación. Los ejercicios pliométricos incluyen saltos de caja, *burpees*, sentadillas con salto, flexiones con palmadas y muchos más.

Tómese días de descanso

Es esencial evitar el sobreentrenamiento, y los boxeadores expertos recomiendan días de descanso entre los entrenamientos para permitir que las fibras musculares se regeneren y reparen. El descanso es tan importante como el ejercicio para desarrollar la fuerza, así que programe suficiente tiempo de descanso en su rutina. Tenga como objetivo dos o tres días de descanso a la semana. Céntrese en ejercicios de entrenamiento de fuerza durante los días restantes.

Sea coherente

La constancia es la clave para alcanzar los objetivos del entrenamiento de fuerza. No se trata de entrenar todos los días durante una semana y abandonar a la siguiente. En su lugar, se trata de mantener y ceñirse a una rutina constante para obtener resultados a largo plazo. Los boxeadores recomiendan proponerse al menos tres o cuatro sesiones de entrenamiento de fuerza a la semana y aumentar gradualmente los pesos con el tiempo.

Incorporar el entrenamiento de fuerza a sus rutinas de *fitness* le ayuda a desarrollar músculos más fuertes, aumentar la resistencia y mejorar su salud física en general. En el entrenamiento de fuerza, escuchar y aprender de expertos como los boxeadores puede ayudarle a crear una rutina de entrenamiento más eficaz. Recuerde incorporar ejercicios de calentamiento, centrarse en ejercicios compuestos, incluir ejercicios pliométricos, tomarse días de descanso y entrenar con constancia. Siguiendo estos consejos, podrá alcanzar sus objetivos de entrenamiento de fuerza y mejorar su salud en general.

Ejercicios del tronco para mejorar la potencia de los puñetazos

Tanto si es un boxeador profesional como si disfruta practicando artes marciales, un tronco sólido es esencial para asestar puñetazos potentes. La fuerza central se refiere a los abdominales, la espalda y los músculos de la cadera que trabajan juntos para estabilizar su cuerpo y transferir la fuerza desde el suelo hacia arriba a través de sus puños. Esta sección explora cinco ejercicios prácticos para el tronco que le ayudarán a mejorar su potencia de golpeo, llevandolo al siguiente nivel.

Planchas

Las planchas son excelentes para desarrollar la fuerza del tronco al trabajar toda la sección media, incluidos los abdominales, la espalda y las caderas. La tabla básica consiste en mantener una posición de flexión de brazos durante el mayor tiempo posible, manteniendo el cuerpo recto y paralelo al suelo. Para añadir un reto adicional, realice variaciones de las planchas, como las planchas laterales, las elevaciones de piernas o las planchas caminando. Incorporando las planchas a su rutina de ejercicios, desarrollará una estabilidad y un control excelentes, lo que le permitirá lanzar golpes más potentes con menos esfuerzo.

Giro ruso

El giro ruso es un ejercicio excelente para trabajar los oblicuos, los músculos de los lados de la cintura. Para realizar este ejercicio

1. Siéntese en el suelo con los pies apoyados en el piso y las rodillas flexionadas.
2. Sujete una pesa o balón medicinal con las dos. Gire el torso hacia la derecha y toque el suelo con la pesa.
3. Gire hacia la izquierda y repita el movimiento. Este ejercicio desarrolla la potencia de rotación de su torso, esencial para generar fuerza en sus puñetazos.

Giro ruso

Bicho muerto

El ejercicio *Dead Bug* se dirige a sus abdominales inferiores y le ayuda a mejorar la estabilidad de sus músculos centrales. Para realizar este ejercicio:

1. Túmbese boca arriba con los brazos y las piernas extendidos hacia el techo.
2. Baje el brazo derecho y la pierna izquierda hasta que queden suspendidos justo por encima del suelo, luego vuelva a la posición inicial y repita en el lado opuesto.
3. Mantenga la parte baja de la espalda presionada contra el suelo para evitar arquearse y mantener la forma adecuada al realizar este ejercicio.

Bicho muerto

Golpe de balón medicinal

Los golpes con balón medicinal son una forma fantástica de desarrollar potencia explosiva en sus puñetazos entrenando su cuerpo para transferir fuerza rápidamente. Para realizar este ejercicio, póngase de pie con los pies separados a la altura de los hombros y sostenga un balón medicinal por encima de la cabeza. Golpee el balón contra el suelo con la mayor fuerza posible, luego agárrelo en el rebote y repita. Este ejercicio le ayudará a mejorar su velocidad y potencia, para que pueda asestar puñetazos a la velocidad del rayo que tengan poder.

Golpe de balón medicinal

Abdominales en bicicleta

Los abdominales en bicicleta son un ejercicio clásico para el tronco que se centra en los abdominales y los oblicuos, desarrollando la fuerza de rotación del torso. Para realizar este ejercicio

1. Túmbese boca arriba con las manos detrás de la cabeza y las rodillas flexionadas.
2. Levante los omóplatos del suelo y lleve el codo derecho hacia la rodilla izquierda mientras extiende la pierna derecha recta.
3. Cambie de lado y repita.

Realizar muchas repeticiones de abdominales en bicicleta desarrolla la resistencia y la fuerza central, que son esenciales para el boxeo.

Abdominales en bicicleta[10]

Mejorar su potencia de golpeo requiere una combinación de entrenamiento y técnica, pero fortalecer su núcleo mediante ejercicios específicos marca una diferencia sustancial. Incorpore estos cinco ejercicios para el tronco a su rutina de entrenamiento y verá mejoras notables en su estabilidad, potencia y velocidad. Recuerde centrarse en la forma adecuada y aumentar gradualmente la intensidad de los ejercicios con el tiempo para obtener los mejores resultados. Llevará su potencia de golpeo al siguiente nivel y dominará en el ring con dedicación y constancia.

Entrenamiento a intervalos y otras opciones para mejorar como boxeador

¿Es usted boxeador y busca formas de mejorar sus habilidades? ¿O tal vez está empezando y quiere saber cómo mejorar? Sea cual sea su situación, esta sección le presenta el entrenamiento por intervalos y otras opciones para mejorar como boxeador. Estos consejos perfeccionarán sus habilidades, aumentarán su resistencia y le permitirán alcanzar sus objetivos en el ring.

Entrenamiento por intervalos

El entrenamiento a intervalos es estupendo para desarrollar la resistencia y aumentar los niveles de la forma física. Este entrenamiento consiste en alternar periodos de ejercicio intenso con periodos de descanso. Por ejemplo, podría esprintar durante 30 segundos y luego descansar 30 segundos. Este ciclo podría repetirse durante un tiempo determinado o un cierto número de repeticiones. El entrenamiento a intervalos es práctico porque lleva a su cuerpo a trabajar más duro, quemando más calorías y desarrollando resistencia. Incorpore el entrenamiento por intervalos a su rutina de ejercicios para obtener beneficios óptimos.

Boxeo de sombra

El boxeo de sombra es otra forma eficaz de mejorar como boxeador. Esta técnica de entrenamiento consiste en practicar sus movimientos sin oponente. Puede realizarse en cualquier lugar y es una forma estupenda de trabajar el juego de piernas, los golpes y las combinaciones. Concéntrese en perfeccionar su forma y su técnica y acelere sus movimientos a medida que se sienta más cómodo. El *boxeo de sombra* puede ser un calentamiento o un ejercicio independiente para mejorar sus habilidades.

Sparring

El combate es un componente esencial del entrenamiento de boxeo. Le permite practicar sus movimientos en un entorno realista y aprender de sus errores. El *sparring* se realiza con un compañero o un entrenador y es excelente para mejorar el tiempo de reacción y la agilidad. Utilice el equipo de seguridad adecuado y empiece despacio para evitar lesiones. Luego, a medida que adquiera experiencia, aumente gradualmente la intensidad de su sesión de *sparring*.

Acondicionamiento cardiovascular

El acondicionamiento cardiovascular es crucial para cualquier atleta, especialmente para los boxeadores. Mejora la resistencia y aumenta el alto ritmo de trabajo durante los combates. Incorpore el entrenamiento cardiovascular a su rutina corriendo, nadando, montando en bicicleta o utilizando una máquina de cardio en el gimnasio. Intente realizar al menos 30 minutos de ejercicio cardiovascular al día o más si se está preparando para un combate.

Invierta en guantes de calidad, vendas para las manos y un protector bucal para protegerse de las lesiones y tener confianza en el ring. Cuando tenga su equipo, es hora de centrarse en su acondicionamiento físico. El boxeo requiere fuerza, resistencia y agilidad, así que incorpore ejercicios de cardio, de fuerza y de flexibilidad a su rutina. Recuerde que es imprescindible trabajar su juego de pies y su equilibrio. Con el equipo y la preparación física adecuados, estará listo para subir al ring y dar rienda suelta al boxeador que lleva dentro.

Capítulo 4: Posturas, guardias y juego de pies

El boxeo es un deporte increíble que requiere fuerza física, agilidad mental y rapidez de reflejos. Uno de los aspectos más importantes del boxeo es la postura, que determina la eficacia de sus movimientos y golpes. Una postura fuerte y estable es fundamental para tener ventaja en cualquier combate. Las defensas son igualmente esenciales para protegerse de los golpes entrantes y para preparar los golpes ofensivos. Pero no olvide el juego de pies. Un juego de pies adecuado le permite moverse por el cuadrilátero con confianza y esquivar los golpes entrantes.

Estos componentes juntos hacen que el combate sea emocionante y dinámico, y dominar estas habilidades puede acercarle un paso más a convertirse en un campeón. Este capítulo proporciona las posturas, las guardias y las técnicas de juego de pies esenciales para ayudarle a empezar. Entrenar el cuerpo, la mente y el espíritu es necesario para convertirse en un boxeador completo. Tome en serio los consejos de los expertos mencionados en este capítulo y se hallará en el buen camino para mejorar sus habilidades y llevar su boxeo al siguiente nivel.

Colocarse en posición: comprender las diferentes posturas de boxeo

Una de las primeras cosas que aprender cuando se entrena para el boxeo es la importancia de su postura. La forma en que coloca los pies, las manos y el cuerpo marca la diferencia en el éxito de sus golpes y la eficacia de su defensa. Esta sección aborda los fundamentos de las posturas de boxeo más comunes y da consejos para cambiar de una a otra sin problemas.

La postura ortodoxa

La postura ortodoxa se considera la postura normal del boxeo[11]

La postura ortodoxa es la más común en el boxeo. Es tan conocida que a menudo se la llama la postura «normal». En una postura tradicional, su lado izquierdo mira hacia delante y su pie izquierdo está por delante del derecho. Su mano izquierda se eleva para proteger la cara, mientras que la derecha se mantiene cerca de la barbilla para preparar puñetazos potentes. Esta postura proporciona una buena combinación de ataque y defensa, por lo que muchos boxeadores principiantes empiezan aquí. Recuerde, mantenga siempre el codo izquierdo pegado al cuerpo en una postura ortodoxa.

La postura del zurdo

La postura del zurdo es menos común en el boxeo

La postura del zurdo es menos común, pero sigue siendo esencial en el boxeo. En esta postura, su lado derecho mira hacia delante, y su pie derecho está por delante del izquierdo. Su mano izquierda se mantiene cerca de la cara mientras que la derecha está extendida para lanzar *jabs* y ganchos. Los zurdos pueden resultar difíciles de combatir porque su postura es desconocida para la mayoría de los boxeadores y sus golpes llegan desde ángulos inesperados. Esta postura requiere más habilidad y práctica para dominarla. Sin embargo, cuando se sienta cómodo, la postura del zurdo puede ser estupenda para sorprender a sus oponentes.

Cambio de posturas

La capacidad de cambiar rápidamente de postura es necesaria para los boxeadores

Los boxeadores deben tener la habilidad de cambiar de postura con rapidez y eficacia. Esta habilidad puede ser un arma poderosa cuando se lucha contra oponentes que están más cómodos peleando desde una postura concreta. Para cambiar de postura, dé un paso adelante o atrás con el pie trasero, pivote con el pie delantero y gire las caderas. Mantenga la guardia alta durante toda la transición para protegerse de los contragolpes. Practique el cambio de posturas con regularidad para asegurarse de que se siente cómodo y seguro con las posturas ortodoxa y de zurdo.

Ajustes de postura

La postura de un boxeador debe ajustarse en función de la situación. Por ejemplo, si está luchando contra un oponente más alto, bajar la postura para colocarse por debajo de sus golpes y asestarle golpes potentes al cuerpo es beneficioso. Por el contrario, elevar su postura es más eficaz para mantenerlos a distancia si está luchando contra un oponente más bajo. Por lo tanto, preste atención a la postura de su oponente y ajuste la suya para ganar ventaja.

Beneficios de una postura correcta

Una postura de boxeo adecuada permite asestar golpes potentes y precisos a la vez que le mantiene a salvo de los golpes de su oponente. La postura correcta mejora su equilibrio y su juego de pies, lo que le permite moverse con rapidez y eficacia en el cuadrilátero. Cuando está en la posición correcta, dispone de una defensa mucho más eficaz y puede establecer combinaciones potentes para noquear incluso a los oponentes más duros.

Su postura es la base de su técnica de boxeo, y es esencial dominarla al principio de su entrenamiento. Comprendiendo las diferentes posturas, practicando el cambio entre ellas y ajustándose a las distintas situaciones, estará en el buen camino para convertirse en un púgil formidable. Recuerde, una postura de boxeo adecuada no consiste sólo en tener buen aspecto en el cuadrilátero; se trata de asestar golpes potentes evitando al mismo tiempo los golpes del oponente. Con tiempo, práctica y dedicación, puede convertirse en un boxeador experto con un dominio impresionante de las distintas posturas. Así que, ¡póngase en posición y deje volar esos golpes!

A la defensiva: guardias y técnicas de bloqueo

En la mayoría de los deportes, la defensa es tan importante como el ataque. Al fin y al cabo, ni siquiera los mejores equipos pueden ganar si no detienen al rival. Esto es especialmente cierto en los deportes de combate como el boxeo y las artes marciales, donde la habilidad para defenderse es esencial. Uno de los aspectos más críticos de la defensa es el uso de guardias y técnicas de bloqueo. Esta sección explora tres métodos estándar: la guardia alta, la guardia baja y el balanceamiento y giro. Entenderá mejor cómo defenderse de sus oponentes.

La guardia alta

La protección alta puede ser beneficiosa para defender su cara

La primera técnica es la guardia alta. Es una de las técnicas más comunes en los deportes de combate, en particular en el boxeo. Levante ambas manos ante su cara para hacer una guardia alta. Las palmas deben mirar hacia dentro con los dedos bien apretados. Sus codos deben estar cerca de su caja torácica para proteger su cuerpo. Con una guardia alta, puede desviar muchos golpes, especialmente los dirigidos a la cabeza. El inconveniente de una guardia alta es que puede resultar difícil contragolpear con eficacia, por lo que es mejor utilizarla en una posición defensiva.

La guardia baja

La guardia baja puede ser beneficiosa a la hora de defender su cuerpo

Otra técnica es la guardia baja. Esta técnica es beneficiosa cuando está defendiendo su cuerpo. Baje las manos y acérquelas al cuerpo para realizar una guardia baja. Sus palmas deben mirar hacia fuera con los dedos relajados. Doble ligeramente las rodillas para dificultar que su adversario le propine un golpe en el estómago. Con una guardia baja, puede defender mejor su cuerpo, pero es más vulnerable a los golpes dirigidos a la cabeza, por lo que mantener la cabeza en movimiento es esencial.

Resbalar y rodar

La técnica del balanceamiento dejará vulnerable a su adversario[12]

Por último está la técnica del balanceamiento. Esta técnica consiste en apartar su cuerpo de los golpes de su oponente. Mueva la cabeza hacia un lado y pivote sobre el pie delantero para hacer un balanceamiento; esto hace que el puñetazo de su oponente no le alcance por completo. Para hacer un giro, debe inclinarse hacia un lado, doblar las rodillas y pivotar sobre el pie trasero. De nuevo, esto hará que el puñetazo de su oponente le pase rozando. Balancearse y girar son técnicas fantásticas para un contragolpe, ya que dejan a su oponente vulnerable y desequilibrado.

Estas tres técnicas estándar de guardia y bloqueo sirven para defenderse en los deportes de combate. Cada método tiene puntos fuertes y débiles, por lo que es esencial practicarlos y utilizarlos estratégicamente, dependiendo de la situación. Con suficiente práctica, podrá anticiparse a los movimientos de su adversario y defenderse con eficacia. Recuerde, la defensa es tan importante como el ataque, y la mejor defensa es un buen ataque. Así pues, siga practicando, siga aprendiendo y se convertirá en un oponente imbatible en poco tiempo.

Dominio de las técnicas de juego de pies: consejos y ejercicios

El boxeo es un gran entrenamiento físico y una forma de arte. Uno de los aspectos más críticos de esta forma de arte es el juego de pies. El juego de pies es esencial, ya que proporciona equilibrio y potencia a los golpes de un boxeador, permitiéndole moverse por el cuadrilátero con velocidad y agilidad. Esta sección profundiza en las técnicas esenciales del juego de pies que todo boxeador debe conocer. Se incluyen consejos y trucos para mejorar su juego de pies de inmediato. Por último, se incluyen algunos ejercicios que le ayudarán a dominar estas técnicas.

Paso y balanceamiento

Esta técnica puede ayudarle a alejarse eficazmente de su adversario

El juego de pies consiste en posicionarse correctamente para lanzar golpes mientras se mueve rápida y eficazmente fuera del peligro. Una de las técnicas de juego de pies más básicas es el «paso y balanceamiento».

Esta técnica consiste en dar un paso con el pie adelantado hacia el oponente, deslizar el pie trasero hacia delante y colocarlo junto al pie adelantado. De este modo, su cuerpo avanza con el pie adelantado manteniendo el equilibrio. No pisar demasiado lejos o cerca de su oponente es importante, o correrá el riesgo de perder el equilibrio o ser vulnerable a los contragolpes.

Pivote

Los pivotes pueden ayudarle a controlar la dirección de su cuerpo

Esta técnica puede controlar la dirección de su cuerpo mientras lanza un golpe o se desplaza por el ring. Un pivote es un movimiento del pie delantero, girándolo hacia un lado para que su cuerpo gire manteniendo el equilibrio. Al pivotar, es vital mantener el pie trasero anclado o moverlo sólo ligeramente para no perder el equilibrio. Pivotar con rapidez y eficacia mejora su maniobrabilidad, lo que le permite evitar los golpes de su adversario o acercarse para lanzar un puñetazo.

Movimiento lateral

El movimiento lateral es otro aspecto crítico del juego de pies en el boxeo. Una buena forma de practicar el movimiento lateral es un ejercicio de escalera. Un ejercicio de escalera consiste en colocar una escalera plana en el suelo y atravesarla de ida y vuelta, manteniendo los pies dentro de cada peldaño. Este ejercicio mejora la rapidez y la agilidad, que son esenciales a la hora de esquivar golpes o moverse por el cuadrilátero.

Ejercicios de juego de pies

Además de practicar los desplazamientos hacia delante, hacia atrás y lateralmente, hay ejercicios específicos que mejorarán su juego de pies. Uno de ellos es el ejercicio de eslalon: coloque conos en forma de zigzag y practique pasar por ellos de un lado a otro. Otro ejercicio es el salto a la cuerda. Salte una cuerda manteniendo los pies juntos, alternando entre saltos hacia delante y hacia atrás. También, el ejercicio de la almohadilla de equilibrio: póngase de pie sobre una almohadilla de equilibrio y practique diferentes técnicas de juego de pies mientras mantiene el equilibrio.

Incorporar bolsas de velocidad y de doble extremo a su rutina de entrenamiento mejora el juego de pies. Estos sacos simulan los movimientos del adversario y, al golpearlos, usted practica técnicas de juego de pies que mejoran su tiempo de reacción. El juego de pies es esencial en el boxeo porque proporciona equilibrio y potencia a sus golpes, permitiéndole moverse por el cuadrilátero con velocidad y agilidad. Al incorporar estos ejercicios y técnicas a su rutina de entrenamiento, dominará sus habilidades de juego de pies en poco tiempo.

Dominar las técnicas de juego de pies es crucial para tener éxito en el boxeo. Un juego de pies adecuado puede ayudarle a evitar los golpes, a moverse dentro y fuera del alcance y a asestar golpes potentes. Utilizando estos métodos e incorporando ejercicios a su rutina de entrenamiento mejorará sus habilidades de juego de pies para convertirse en un boxeador más eficaz. Recuerde, el juego de pies es la base del boxeo, así que practique a menudo y perfeccione sus habilidades.

Consejos para el nocaut de boxeadores expertos

Tanto si es un principiante como un profesional experimentado, el boxeo es un entrenamiento intenso y gratificante. Sin embargo, debe saber algo más que lo básico para destacar realmente en este popular arte marcial. A continuación encontrará una recopilación de consejos de los expertos en boxeo para mejorar sus habilidades y alcanzar todo su potencial en el cuadrilátero. Desde mantener el equilibrio hasta desarrollar la fortaleza mental, todo está cubierto.

Mantener el equilibrio: Mantener el equilibrio es crucial para lanzar golpes potentes y evadir los ataques de su oponente. Los expertos recomiendan mantener los pies separados a la altura de los hombros y ligeramente inclinados, con el peso distribuido uniformemente. Además, doblar ligeramente las rodillas e involucrar su núcleo mejora el equilibrio y la movilidad en el ring.

Mantener la concentración: El boxeo requiere una concentración y un enfoque intensos, ya que la más mínima distracción puede costarle el combate. Los expertos sugieren practicar técnicas de atención plena y visualización para ayudarle a mantenerse concentrado y presente en el momento. Además, practicar técnicas de respiración adecuadas mantiene la mente y el cuerpo en calma bajo presión, lo que es esencial para tener éxito en el cuadrilátero.

Reaccionar con rapidez: En el boxeo, la velocidad lo es todo. Una de las mejores formas de mejorar su tiempo de reacción es entrenarse con un *speed bag*, un pequeño saco de boxeo que rebota rápidamente después de cada golpe. Desarrollará la coordinación mano-ojo y el tiempo de reacción golpeándolo con constancia y prontitud.

Utilizar los movimientos de su oponente: Los mejores boxeadores saben cómo utilizar los movimientos de su oponente en su beneficio. Por ejemplo, si su oponente se mueve hacia su derecha, puede pivotar sobre su pie izquierdo y lanzar un potente gancho de izquierda. Puede ganar ventaja en el ring estudiando el estilo de su oponente y reaccionando adecuadamente.

Mezclar posturas y guardias: Aunque la mayoría de los boxeadores tienen una postura tradicional, los expertos en boxeo sugieren mezclar diferentes posturas y guardias para mantener a su oponente sin poder adivinar. Por ejemplo, cambie entre una postura cuadrada, la postura clásica del boxeo, y una postura escalonada, lo que le dará más potencia y versatilidad en sus golpes. Cambiar de guardia protege distintas zonas de su cuerpo y despista a su adversario.

Desarrollar la fuerza, la potencia y la agilidad: El boxeo es un deporte físico y requiere fuerza, potencia y agilidad para tener éxito. Para desarrollar estas habilidades, los expertos en boxeo sugieren hacer ejercicios como sentadillas, *burpees* y flexiones. Además, recomiendan correr piques o utilizar una máquina elíptica para mejorar la resistencia en el ring.

Trabajar la coordinación mano-ojo: La coordinación mano-ojo es una habilidad crucial para cualquier boxeador y puede mejorarse con la práctica. Para afinar su técnica, los expertos en boxeo sugieren realizar ejercicios de lanzamiento con balones medicinales o hacer boxeo de sombra frente a un espejo. Además, recomiendan trabajar la coordinación mano-ojo practicando deportes como el tenis o el baloncesto.

Practicar la fortaleza mental: El boxeo es un juego mental tanto como físico. Para lograr el éxito en el cuadrilátero, los expertos en boxeo sugieren desarrollar su fortaleza mental visualizándose a sí mismo ganando, fijándose objetivos alcanzables y esforzándose por dar lo mejor de sí mismo. Además, recomiendan visualizar cada golpe que lance y establecer una mentalidad positiva antes de cada combate.

Mejorar la velocidad y la resistencia cardiovascular: Debe lanzar golpes rápidos y potentes y moverse con rapidez para alcanzar su máximo potencial en el cuadrilátero. Para mejorar su velocidad y su resistencia cardiovascular, los expertos en boxeo sugieren el entrenamiento a intervalos o carreras de corta distancia. Además, recomiendan centrarse en ejercicios dirigidos a las piernas para aumentar su potencia y movilidad general en el cuadrilátero.

Cuidar su cuerpo: El boxeo es un deporte físicamente exigente, y cuidar su cuerpo después de cada combate es esencial. Los expertos en boxeo recomiendan estirar suavemente los músculos, dormir lo suficiente, comer alimentos saludables y refrescarse con ejercicios ligeros o yoga. Además, sugieren utilizar bolsas de hielo en las zonas doloridas y beber mucha agua para mantenerse hidratado.

Entrene con un compañero o instructor: El boxeo es un deporte complejo, por lo que es esencial contar con alguien que le guíe y le ayude a desarrollar su técnica. Para asegurarse de que saca el máximo partido al entrenamiento, los expertos en boxeo sugieren trabajar con un compañero o instructor experimentado. Recibirá comentarios sobre su técnica y practicará diferentes combinaciones en un entorno seguro.

Analizar sus combates y su rendimiento: Debe conocer sus puntos débiles y fuertes para convertirse en un mejor boxeador. Después de cada pelea, los expertos en boxeo sugieren ver las imágenes del combate y analizar su rendimiento. Identificará las áreas que necesita mejorar y desarrollará estrategias para futuros conflictos. Además, recomiendan recibir comentarios de entrenadores o instructores sobre su técnica para que pueda hacer los ajustes necesarios.

Envolverse correctamente las manos: Envolverse correctamente las manos es una habilidad esencial para cualquier boxeador y ayuda a prevenir lesiones en el ring. Para envolverse las manos correctamente, los expertos en boxeo sugieren colocar de cuatro a seis pulgadas de gasa alrededor de cada mano. Después, añada una capa de cinta atlética por encima. Por último, asegure los extremos con cinta adhesiva para que la envoltura quede ajustada y segura.

Seguir una dieta equilibrada y mantenerse hidratado: Seguir una dieta equilibrada y mantenerse hidratado es fundamental para rendir al máximo en el cuadrilátero. Para alimentar su entrenamiento, los expertos en boxeo sugieren comer abundantes proteínas magras, cereales integrales, frutas y verduras. Además, recomiendan beber mucha agua a lo largo del día para mantener el cuerpo hidratado y funcionando de forma óptima.

Descansar lo suficiente: El descanso y la recuperación son esenciales para cualquier atleta, especialmente para los boxeadores. Para asegurarse de que descansa lo suficiente, los expertos en boxeo recomiendan aspirar a dormir ocho horas cada noche. Sugieren breves descansos a lo largo del día para evitar la fatiga y el agotamiento.

Tomarse tiempo para recuperarse tras las sesiones de entrenamiento: El boxeo es un deporte físicamente exigente, y dar tiempo a su cuerpo para una recuperación adecuada después de cada sesión de entrenamiento es esencial. Para ayudar a acelerar el proceso de recuperación, los expertos en boxeo sugieren tomar un baño de hielo después de cada entrenamiento y utilizar vendas de compresión para reducir la hinchazón y el dolor. Además, recomiendan tomarse unos días de descanso cada semana para dar a su cuerpo una oportunidad extra de descansar y recuperarse.

Mantenerse positivo: Una actitud positiva puede marcar la diferencia en el éxito sobre el ring. Para mantenerse motivado y centrado en el entrenamiento, los expertos en boxeo sugieren fijarse objetivos realistas y celebrar cada hito. Además, recomiendan rodearse de personas positivas que le apoyen y animen en su camino.

Aprender de los mejores: Aprender de los mejores es esencial para convertirse en un mejor boxeador. Los expertos en boxeo sugieren ver imágenes de boxeadores de talla mundial y estudiar sus técnicas. Además, recomiendan leer libros y artículos escritos por boxeadores experimentados para conocer mejor las estrategias y tácticas de este deporte.

Practicar técnicas de visualización: La fuerza mental es tan importante como la física en el boxeo. Para ayudar a mejorar su juego mental, los expertos en boxeo sugieren practicar técnicas de visualización. Por ejemplo, imagínese en un combate y visualice los movimientos que debe realizar para tener éxito. Además, recomiendan reservar un tiempo cada día para practicar técnicas de visualización y desarrollar la fortaleza mental.

Terminar con fuerza: Para terminar fuerte en un combate, los expertos en boxeo sugieren ahorrar energía para los últimos asaltos. Sugieren mantenerse centrado en sus objetivos y visualizar el éxito para mantenerse motivado hasta el final. Además, recomiendan respirar profundamente para ayudarle a mantener la calma y la energía en los momentos finales del combate.

Pies separados al ancho de hombros: Para mejorar su rendimiento, empiece por centrarse en la posición de los pies. Asegúrese de que están separados al ancho de hombros. A continuación, manténgase erguido y sujete las manos cerca de la cabeza. Esta postura le permite moverse rápidamente por el ring, mantener el equilibrio y asestar golpes potentes.

Mueva el pie trasero: Para dar un golpe, debe transferir su peso del pie trasero al delantero. Mantenga los pies equilibrados y estables para conservar la estabilidad mientras se mueve distribuyendo su peso uniformemente entre los pies.

Mantenga los pies paralelos y las caderas hacia delante: Cuando esté de pie en la postura de boxeo, mantenga los pies paralelos entre sí. Sus pies deben apuntar hacia delante en lugar de estar inclinados hacia dentro o hacia fuera. Además, mantenga las caderas hacia delante para mantener la alineación y el equilibrio del cuerpo.

Mantenga el centro de gravedad bajo: Para tener una postura de boxeo sólida, debe mantener el centro de gravedad bajo doblando ligeramente las rodillas. Esto ayuda a mantener el equilibrio, facilitando los desplazamientos por el cuadrilátero y evitando ser derribado por un golpe del adversario.

Mantenga las manos en alto: Sus manos son su arma principal en el boxeo. Manténgalas cerca de la cara y la barbilla para evitar que su oponente le propine un golpe de nocaut. Mantenga el codo cerca del cuerpo y la mano adelantada ligeramente alejada para crear una apertura rápidamente.

Relaje los hombros: La tensión en sus hombros puede restringir su movimiento, haciendo mucho más difícil esquivar los golpes de su oponente. Asegúrese de que sus hombros están relajados para ejecutar golpes giratorios y ganchos.

Mantenga la cabeza en movimiento: Cuando esté en el ring, debe mantener la cabeza en movimiento para evitar los golpes moviendo la cabeza hacia arriba, hacia abajo y hacia los lados. Sin embargo, asegúrese de que su barbilla está metida en el pecho para evitar que sea golpeada.

Manténgase ligero de pies: Manténgase ligero de pies para agudizar su tiempo de reacción. Significa rebotar arriba y abajo y mover los pies con rapidez para estar preparado para lanzar un puñetazo o esquivar un golpe que se aproxime.

Utilice sus ángulos: Utilice los ángulos para obtener una ventaja sobre su adversario. Por ejemplo, se puede crear una abertura moviendo los pies en ángulo diagonal en lugar de perfectamente hacia delante.

Practique su postura: Por último, la práctica es esencial en el boxeo. Debe practicar el mantenimiento y el cambio de postura para dar a sus músculos la memoria necesaria para mantener una postura adecuada, lo que le facilitará la adopción de la postura perfecta durante sus combates de boxeo.

El boxeo puede ser emocionante y desafiante, pero con estos consejos de expertos en boxeo, puede llevar sus habilidades al siguiente nivel. Desde mejorar su equilibrio y su coordinación mano-ojo hasta desarrollar su fortaleza mental y mantenerse hidratado, hay innumerables formas de aumentar su rendimiento en el cuadrilátero. Tanto si es un principiante como un profesional experimentado, la clave es mantenerse centrado y disciplinado y no dejar nunca de aprender y crecer como boxeador. Recuerde, la práctica hace al maestro.

Mantenga la dedicación y comprométase a perfeccionar sus habilidades cada día. Puede alcanzar sus objetivos en el boxeo con trabajo duro, perseverancia y dedicación. Es esencial tomar las medidas necesarias para evitar lesiones, mantenerse hidratado y alimentado, descansar lo suficiente y practicar técnicas de visualización para asegurarse de que se mantiene sano en el ring y maximiza su rendimiento. Incorporando estas técnicas básicas de boxeo, estará en camino de convertirse en un mejor boxeador y campeón.

Capítulo 5: Puñetazos y contragolpes

«Flota como una mariposa, pica como una abeja». - Muhammad Ali

El boxeo no consiste sólo en lanzar golpes. Es una danza intrincada que implica muchas estrategias, juego de pies y, lo más importante, golpes y contragolpes. Son elementos esenciales que hacen del boxeo el deporte que es hoy. En el cuadrilátero, no se trata sólo de la fuerza de sus golpes. Se trata de aprovechar los movimientos de su oponente para asestar el contragolpe perfecto. Un boxeador de éxito sabe anticiparse al próximo movimiento de su oponente y reaccionar en consecuencia. Es como una partida de ajedrez, en la que siempre debe ir un paso por delante de su oponente.

Los puñetazos y contragolpes son los componentes básicos del boxeo, y dominarlos le acercará un paso más a convertirse en un gran boxeador. Este capítulo está dividido en secciones, cada una de ellas centrada en un puñetazo o contragolpe en particular. Explica el propósito de cada puñetazo y contragolpe, la mecánica que hay detrás de ellos, los errores comunes que hay que evitar y ejercicios que le ayudarán a mejorar. Después de leer este capítulo, estará bien encaminado para convertirse en un maestro del ring.

Introducción a los golpes de boxeo: conceptos básicos y consejos de seguridad

Los puñetazos en el boxeo son una habilidad fundamental que debe dominarse para tener éxito en un combate. Sin embargo, no se trata de lanzar golpes fuertes y derrotar a su oponente. Los puñetazos de boxeo implican mucha técnica y seguridad. Por lo tanto, es esencial conocer los fundamentos de los puñetazos de boxeo y su finalidad, las técnicas implicadas y los consejos de seguridad para reducir el riesgo de lesiones.

Finalidad

El objetivo de los golpes de boxeo es anotar puntos o noquear a su adversario. Anotar puntos es una forma técnica de ganar un combate de boxeo. Un boxeador debe lanzar los golpes adecuados con precisión y eficacia para conseguir puntos. Sin embargo, el nocaut es la forma más popular de que un boxeador gane un combate. Para noquear a su oponente, debe asestarle un puñetazo potente que haga que caiga o pierda el conocimiento. Los nocauts no sólo proceden de puñetazos potentes. Pueden venir de puñetazos repetidos que fatiguen al oponente y le dejen vulnerable.

Consejos de seguridad para golpear

Los golpes de boxeo pueden ser peligrosos si no se realizan correctamente. Por lo tanto, la seguridad debe ser siempre lo primero a la hora de practicar golpes de boxeo. Estos son algunos consejos que le ayudarán a mantenerse seguro mientras practica:

1. Use siempre el equipo de seguridad necesario, como guantes, casco, protector bucal, coderas y rodilleras, para minimizar el riesgo de lesiones.

2. Caliente antes de lanzar cualquier golpe para evitar lesiones musculares. Estire antes y después del entrenamiento para mantener los músculos relajados.

3. Durante la práctica, pida siempre a un entrenador que supervise su forma de golpear para garantizar la seguridad y evitar malos hábitos.

4. Tómese siempre su tiempo y no se precipite. Tómese descansos entre golpe y golpe y escuche a su cuerpo.

Mecánica básica

La mecánica básica de los puñetazos en el boxeo incluye el *jab*, el cruzado, el *uppercut* y el gancho. Comprender las técnicas básicas de golpeo es fundamental para desarrollar sus habilidades y evitar lesiones. El *jab* es un puñetazo recto rápido asestado con la mano adelantada. El cruzado es un puñetazo recto asestado con la mano trasera. El *uppercut* es un puñetazo lanzado a la barbilla de su oponente desde abajo flexionando las piernas y el tronco. Por último, el gancho es un puñetazo lateral que se da doblando el brazo en ángulo obtuso y golpeando con los nudillos el lado de la cara del adversario.

La mecánica del puñetazo utiliza la alineación adecuada del puñetazo, la postura y el juego de pies. La alineación adecuada del puñetazo consiste en la postura correcta para obtener la máxima potencia y precisión. La postura de boxeo significa estar de pie con los pies separados al ancho de hombros con un pie ligeramente por delante del otro. En cuanto al juego de pies, consiste en utilizar los pies no sólo para moverse, sino también para generar potencia.

Aprender los fundamentos de los golpes de boxeo y su finalidad es crucial para convertirse en un gran boxeador. Incluye comprender los consejos de seguridad para ejecutar los golpes, la mecánica básica de los puñetazos y mantener la postura y la alineación correctas. Practicando y perfeccionando estas habilidades básicas, podrá convertirse en un mejor boxeador, reduciendo el riesgo de lesiones. Tenga siempre presente la seguridad y escuche a su cuerpo mientras entrena. Desarrollar su habilidad con los puñetazos en el boxeo requiere paciencia, dedicación y práctica.

Dominar el *jab*: guía para principiantes

Un *jab* puede marcar la diferencia en un combate[18]

El *jab* es uno de los golpes más básicos que hay que dominar. Puede parecer un golpe sencillo, pero un *jab* bien ejecutado puede marcar la diferencia en el resultado de un combate. Un *jab* rápido y eficaz puede mantener a raya a su oponente, preparar otros golpes y, lo que es más importante, marcar puntos. Esta sección repasa todo lo que necesita saber sobre el *jab*, incluyendo su definición, propósito, ejecución, errores comunes que debe evitar y ejercicios de entrenamiento para mejorar su técnica.

Definición y finalidad de un *jab*

El *jab* es un golpe rápido y recto que se lanza con la mano adelantada en el boxeo. Su objetivo principal es mantener a raya a su oponente, permitiéndole crear distancia y preparar otros golpes. El *jab* marca puntos con eficacia y altera el ritmo de su oponente. Es el golpe más común en el boxeo, con numerosas variantes, como el doble *jab*, el triple *jab* y el *jab* al cuerpo.

Puesta en marcha y ejecución del *jab* paso a paso

Para ejecutar un *jab* correctamente, siga estos pasos:

1. Comience con los pies separados al ancho de los hombros, las rodillas ligeramente flexionadas y el peso distribuido uniformemente.
2. Su mano principal debe mantenerse a la altura de la barbilla, con el codo metido hacia dentro y la muñeca recta.
3. Cuando esté listo para golpear, dé un paso adelante con el pie adelantado y extienda el brazo recto hacia fuera, girando ligeramente la muñeca al hacerlo.
4. Su hombro y caderas deben rotar ligeramente para generar potencia, pero no extienda demasiado el brazo ni se incline hacia delante.
5. Cuando su *jab* aterrice, retraiga rápidamente el brazo hacia la barbilla, evitando movimientos innecesarios.
6. Mantenga levantada la otra mano q para protegerse la cara y permanezca ligero de pies, listo para moverse o lanzar otro puñetazo.

Errores comunes que debe evitar

He aquí algunos errores comunes que debe evitar al ejecutar un *jab*:

1. Extender demasiado el brazo puede dejarle vulnerable y disminuir la potencia. Mantenga el brazo recto pero no totalmente estirado, y practique la retracción rápida para evitar este error.
2. Estirar su jab le resta potencia y le expone a los contragolpes. En su lugar, dé un paso adelante hacia el golpe mientras mantiene la barbilla metida hacia abajo.
3. No dar un paso adelante lo suficiente al lanzar el jab puede resultar en un golpe débil o ineficaz. En su lugar, dé un paso rápido hacia delante con el pie adelantado antes de lanzar el jab.
4. Telegrafiar su *jab* colocando su cuerpo o su mano antes de lanzarlo es un error común. Absténgase de permitir que su adversario anticipe su movimiento y prepare una defensa.

Ejercicios de entrenamiento para mejorar su *jab*

El *jab* es el golpe más importante en el boxeo y debería ser el centro de sus ejercicios de entrenamiento. Un buen *jab* preparará sus otros golpes y le ayudará a controlar el combate. Aquí tiene algunos ejercicios para mejorar su técnica de *jab*:

Ejercicio de *jabs* a la pared: Colóquese a unos metros de una pared y practique lanzando *jabs* contra ella. Concéntrese en la preparación y la ejecución del golpe, asegurándose de evitar los errores comunes. Visualice a un oponente y practique sus técnicas sin golpear realmente nada.

Boxeo de sombra: Le ayudará a sentirse cómodo lanzando *jabs* y otros golpes sin la presión de un oponente real.

Saco de velocidad: Trabajar su velocidad y precisión en el saco de velocidad es una forma estupenda de practicar el lanzamiento de *jabs* con rapidez y precisión.

Ejercicio 1-2-3: Lance un *jab*, luego sígalo con un derechazo. Termine con un gancho de izquierda al cuerpo. Repita este ejercicio durante 3 minutos, descanse 1 minuto y repita tres veces.

Ejercicio con saco de doble fondo: Lance un *jab* en la parte superior, luego muévase rápidamente a la parte inferior del saco y lance otro *jab*. Repita esto durante 30 segundos, descanse 30 segundos y repita tres veces.

Ejercicio de guante de enfoque: Haga que un compañero sostenga un guante de enfoque o una almohadilla de golpeo delante de su cara y láncele golpes mientras se mueve a su alrededor. Repita esto durante 3 minutos, descanse 1 minuto y repita tres veces.

Ejercicios con compañero: El combate con un compañero puede ayudarle a aplicar lo que ha aprendido en una situación de lucha real. Empiece despacio, céntrese en la técnica y aumente gradualmente la intensidad a medida que mejore.

Dominar el cruzado en el boxeo: una guía paso a paso

Un cruzado es uno de los golpes más eficaces en el boxeo[14]

Puede parecer que no realizan esfuerzo alguno cuando se observa a los profesionales en el ring, pero ejecutar cada movimiento requiere mucho trabajo, habilidad y fuerza. El golpe cruzado es uno de los golpes más eficaces del boxeo y puede cambiar la partida en cuestión de segundos. Por lo tanto, es una técnica esencial que todo boxeador debe dominar para convertirse en un oponente formidable en el cuadrilátero. Esta sección examina detenidamente la definición, el propósito, la ejecución, los errores comunes y los ejercicios de entrenamiento para mejorar su cruzado en el boxeo.

Definición y finalidad del golpe cruzado

Un golpe cruzado, es un puñetazo potente lanzado desde la mano trasera, normalmente la derecha si es diestro o viceversa si es zurdo. El propósito es crear distancia entre usted y su oponente al tiempo que le asesta un potente puñetazo a la cabeza o al cuerpo. Además, suele preparar otros golpes, como un gancho o un *uppercut.*

Montaje y ejecución del cruzado paso a paso

Para ejecutar un golpe cruzado, siga estos pasos:

1. Coloque los pies separados a la altura de los hombros con el pie izquierdo ligeramente adelantado y el derecho ligeramente retrasado.
2. A continuación, mantenga los puños en alto, los codos pegados al cuerpo y la barbilla baja para protegerse de los contraataques.
3. Desde esta posición, utilice las caderas, el tronco y el hombro para rotar el cuerpo mientras endereza el brazo trasero para extender el puñetazo hacia el objetivo.
4. Recuerde girar la muñeca para que los nudillos queden verticales al hacer contacto con el adversario.
5. Por último, recupérese volviendo rápidamente el puño a su posición original, cerca de la cara.

Errores comunes que debe evitar

Mucha gente lanza su golpe cruzado sin preparación. Sin embargo, un golpe cruzado con éxito requiere algo más que un golpe potente. Debe ser cronometrado correctamente y utilizar todo su cuerpo. Aquí tiene otros errores comunes que debe evitar:

1. **No practicar con el peso correcto**: El golpe cruzado es un golpe poderoso, y si no está acostumbrado a lanzarlo con el peso adecuado, no generará la misma potencia cuando esté en una pelea. Utilice un saco pesado que pueda soportar el castigo y con el que se sienta cómodo lanzando sus golpes con el peso adecuado.
2. **No mantener la guardia alta:** Recuerde mantener la barbilla baja, meter los codos al lanzar el cruzado y estar preparado para un contragolpe.
3. **Lanzar golpes salvajes:** Este error le dejará rápidamente fuera de combate. En su lugar, mantenga sus puñetazos firmes y controlados, y láncelos sólo cuando tenga una abertura.
4. **No seguir con sus puñetazos**: Extienda completamente el brazo, gire las muñecas al lanzar el puñetazo y realice el seguimiento con todo el cuerpo.

5. No mantener el equilibrio: Mantenga los pies firmemente plantados en el suelo cuando lo lance. Además, mantenga el cuerpo suelto y relajado para poder cambiar rápidamente el peso de un pie al otro.

Ejercicios de entrenamiento para mejorar su golpe cruzado

Como cualquier técnica de boxeo, dominar el golpe cruzado requiere una práctica constante. Para mejorar golpe cruzado, aquí tiene algunos ejercicios de entrenamiento para practicar:

1. **Ejercicio *jab*-cruzado-balanceo:** Colóquese en su postura de boxeo con la mano izquierda delante de usted y la derecha en la barbilla. Golpee con la mano izquierda y luego cruce inmediatamente con la derecha. Mientras cruza, deslícese hacia un lado de modo que ya no esté delante de su oponente para evitar ser golpeado por su contragolpe. Repita este ejercicio durante 30 segundos.

2. **Ejercicio *jab-jab-* cruzado:** En la misma posición que el primer ejercicio, con la mano izquierda fuera y la derecha en la barbilla. Lance dos *jabs* con su mano izquierda, luego cruce con su derecha. Mientras cruza, dé un paso adelante para situarse delante de su oponente. De esta forma, podrá asestar su golpe y preparar un ataque de seguimiento. Repita este ejercicio durante 30 segundos.

3. **Ejercicio *jab*-cruzado-gancho:** En la misma posición que los dos primeros ejercicios, con la mano izquierda fuera y la derecha en la barbilla. Lance un *jab* con la mano izquierda e inmediatamente después cruce con la derecha. Mientras cruza, lance un gancho con la mano izquierda. Pillará a su oponente desprevenido y asestará un potente golpe. Repita este ejercicio durante 30 segundos.

El arte del gancho: mejore sus habilidades en el boxeo

El gancho es una técnica que se utiliza para golpear a los adversarios desde un lado [15]

Un gancho es un puñetazo potente combinado con velocidad, precisión y técnica. Tanto si es un novato como un boxeador experimentado, es una gran herramienta que debe tener en su arsenal. Esta sección analiza la definición y el propósito de un gancho, una guía paso a paso sobre cómo preparar y ejecutar un gancho, los errores comunes que debe evitar y ejercicios de entrenamiento para mejorar su gancho.

Definición y finalidad de un gancho

Un gancho es una técnica de golpe en boxeo para impactar al adversario desde un lado, ya sea a la cabeza o al cuerpo. Es un golpe eficaz que requiere una excelente sincronización y coordinación. El gancho tiene como objetivo asestar un golpe decisivo manteniendo el control y la precisión. Un gancho bien ejecutado puede diferenciar entre ganar y perder un combate.

Montaje y ejecución del gancho paso a paso

Ejecutar con éxito un gancho requiere paciencia y práctica. He aquí una guía paso a paso sobre cómo preparar y ejecutar el gancho:

1. Colóquese en posición de boxeo frente a su adversario.
2. Desplace el peso hacia el pie trasero manteniendo el codo cerca del cuerpo.
3. Pivote sobre la bola del pie y gire la cadera hacia el adversario mientras balancea el brazo en un movimiento circular.
4. Apunte a la sien, la mejilla o las costillas de su objetivo y descargue el puñetazo con los nudillos de los dedos corazón e índice.
5. Mantenga siempre el otro brazo en alto para protegerse y esté preparado para los contraataques.

Errores comunes que debe evitar

Aunque un gancho es un golpe poderoso y eficaz, es esencial evitar los errores comunes:

1. **No girar el cuerpo lo suficiente**: Debe girar todo el cuerpo y la cadera durante el golpe para generar la máxima potencia.

2. **No mantener el codo cerca del cuerpo**: Disminuye la potencia de su golpe y facilita que su adversario lo bloquee o contrarreste.

3. **No pivotar sobre el metatarso**: Debe pivotar sobre el metatarso para generar suficiente potencia para que el golpe caiga con eficacia.

4. **No apuntar al objetivo correcto**: Debe apuntar a la sien, la mejilla o las costillas de su objetivo para asestar el puñetazo con la máxima potencia.

5. **Golpear demasiado alto o demasiado bajo**: Apunte siempre al blanco correcto para garantizar la máxima potencia y precisión.

6. **Quedar vulnerable a los contraataques**: Mantenga siempre el otro brazo en alto para protegerse de los contraataques.

Ejercicios de entrenamiento para mejorar su gancho

Puede realizar varios ejercicios para mejorar la precisión y la potencia de su gancho. He aquí algunos ejemplos:

1. **Saltar la cuerda:** Saltar la cuerda es una forma estupenda de mejorar el juego de pies y la coordinación. Concéntrese en moverse rápida y suavemente mientras salta la cuerda; le ayudará a desarrollar el juego de pies necesario para lanzar ganchos precisos y potentes.

2. **Guantes:** Los guantes de boxeo son una forma estupenda de mejorar la precisión y la potencia de sus puñetazos. Céntrese en lanzar golpes precisos y potentes mientras trabaja con los guantes de boxeo; le ayudará a transferir esas habilidades al ring.

3. **Pelota de reflejos:** Una pelota de reflejos es una herramienta excelente para desarrollar la coordinación mano-ojo. Concéntrese en golpear la pelota lo más rápido posible; le ayudará a transferir esas habilidades al cuadrilátero.

4. **Saco pesado:** Una de las mejores formas de mejorar sus ganchos es practicar con un saco pesado. Un saco pesado le ayuda a desarrollar potencia y precisión con sus ganchos. Debe centrarse en lanzar sus ganchos con la mala intención de noquear a su oponente.

5. **Boxeo de sombra:** El boxeo de sombra es una forma estupenda de trabajar su técnica sin tener un oponente presente. Lo mejor sería que se centrara en lanzar golpes precisos y potentes. El boxeo de sombra le ayuda a desarrollar la memoria muscular para lanzar ganchos reales y potentes en el ring.

El gancho es una técnica que requiere tiempo y práctica para dominarla. Incorporar el gancho a su entrenamiento mejora sus habilidades generales de boxeo y le da una ventaja en el ring. Recuerde centrarse en su técnica, apuntar al objetivo correcto y protegerse siempre. Con estos consejos y ejercicios de entrenamiento, estará en camino de lanzar ganchos potentes como un boxeador profesional. Siga practicando y no abandone nunca su camino en el boxeo.

Cómo dominar el *uppercut*

Un *uppercut* puede asestar un golpe de gracia[16]

El puñetazo *uppercut* es una herramienta poderosa para añadir a su arsenal de boxeo. Este puñetazo está diseñado para asestar un golpe de nocaut y resulta muy útil durante un combate. Sin embargo, asestar correctamente un puñetazo *uppercut* requiere gran habilidad y práctica. Esta sección le guiará a través de la definición, el propósito y la ejecución del *uppercut*. También se ofrecen consejos para evitar errores comunes y ejercicios de entrenamiento para mejorar su *uppercut*.

Definición y finalidad de un *uppercut*

El *uppercut* es un puñetazo corto lanzado hacia arriba, a la barbilla o el torso del adversario. El *uppercut* asesta un golpe de KO aprovechando la guardia del adversario. La mayoría de los boxeadores utilizan el *uppercut* cuando el rival se inclina hacia delante o intenta hacer un movimiento. Este golpe es muy eficaz cuando el adversario intenta acercarse a usted.

Preparación y ejecución paso a paso del *uppercut*

He aquí cómo ejecutar correctamente el puñetazo *uppercut*:

1. Colóquese en su postura de boxeo con los pies separados a la altura de los hombros y la barbilla hacia abajo.
2. Desplace su peso a su pie trasero y pivote sobre el metatarso de ese pie. Esto le dará potencia y palanca para el golpe.
3. Manteniendo el codo cerca del cuerpo, lance el golpe hacia arriba con los nudillos de los dedos corazón e índice.
4. Apunte a la barbilla o al plexo solar del adversario y ponga su cuerpo en ello.
5. Vuelva a su postura tras lanzar el puñetazo y prepárese inmediatamente para un contraataque.

Errores comunes que debe evitar

De todos los puñetazos, el *uppercut* es a menudo uno de los más mal utilizados o aplicados en exceso. He aquí algunos errores comunes que debe evitar:

1. **Apresurarse:** Tómese su tiempo y no se precipite en el golpe. Asegúrese de preparar el golpe correctamente antes de ejecutarlo.
2. **Alcance**: Espere a alcanzar a su oponente con el puñetazo. Manténgalo cerca del cuerpo y pivote sobre el metatarso para conseguir potencia y palanca.
3. **Bajar la guardia:** Mantenga siempre la barbilla baja y la guardia alta. Una barbilla expuesta podría ser un blanco potencial para un contragolpe.
4. **No cargar:** Cargue el golpe desplazando el peso hacia el pie trasero antes de lanzarlo.
5. **Dejar caer el codo:** Mantenga el codo cerca del cuerpo mientras lanza el puñetazo. Aumenta la potencia del puñetazo y evita ser contrarrestado.

Ejercicios de entrenamiento para mejorar su *uppercut*

Para perfeccionar su golpe *uppercut*, incorpore los siguientes ejercicios de entrenamiento a su rutina:

1. **Movimientos del puño**: Practique el movimiento del puño desde la posición de guardia a la de *uppercut* y viceversa. Mantenga la mano cerca del cuerpo mientras la mueve.

2. **Compañero de *sparring*:** Busque un compañero y practique el lanzamiento del *uppercut* en almohadillas de enfoque o sacos pesados. El objetivo es preparar y ejecutar el golpe correctamente.
3. **Boxeo de sombra:** Practique el lanzamiento del *uppercut* delante de un espejo o sin él. Concéntrese en prepararse correctamente y en lanzar el golpe con la forma y la potencia adecuadas.
4. **Practique los *uppercuts* de forma independiente:** Realice el golpe *uppercut* de forma independiente y preste atención a los detalles. Concéntrese en su forma, potencia y sincronización. Cuanta más atención preste a los elementos, mejor será su *uppercut*.
5. **Siga con combinaciones**: Combine los *uppercuts* con otros golpes después de perfeccionar la forma. Le ayudará a aprender a utilizar el golpe con otros diferentes.

Cómo perfeccionar sus contragolpes en el boxeo

Los contragolpes pueden ayudarle a desviar los golpes de su adversario[17]

El gran boxeador Muhammad Ali era conocido por su rápido juego de piernas y sus poderosos contragolpes. En un deporte como el boxeo, anticiparse y contrarrestar los movimientos de su adversario puede darle una ventaja significativa. El contragolpe es un movimiento estratégico para desviar y contrarrestar los golpes de su oponente conservando su energía y maximizando sus posibilidades de asestar un golpe. Esta sección analiza la definición y el propósito de un contragolpe, la preparación y ejecución paso a paso, los errores comunes que debe evitar y ejercicios de entrenamiento para mejorar sus habilidades de contragolpe.

Definición y finalidad de un contragolpe

El contragolpe es un puñetazo que se lanza tras esquivar un golpe entrante de su adversario. El contragolpe pretende explotar los errores de su adversario pillándole desprevenido y generando potencia. Permite al contragolpeador tomar el control del asalto de forma convincente. Un contragolpe eficaz es cuestión de sincronización y precisión.

Preparación y ejecución del contragolpe paso a paso

Recuerde que el contragolpe debe utilizarse con moderación. He aquí los pasos básicos para preparar y ejecutar un contragolpe:

1. Apártese de la trayectoria del golpe de su adversario mientras se inclina ligeramente hacia un lado y baja la barbilla; esto le coloca en posición de lanzar un contragolpe.
2. Vuelva a subir la guardia y el puño hacia delante mientras pivota sobre el metatarso.
3. Utilice potencia y velocidad para asestar el golpe manteniendo los codos pegados al cuerpo y la barbilla baja.
4. Vuelva a la posición de guardia tras lanzar el contragolpe.

Cuando le lancen un puñetazo, aleje la parte superior del cuerpo, la cabeza y los pies del puñetazo entrante. Si el puñetazo entrante es un *jab*, utilice un balanceamiento hacia el exterior del *jab* y lance un contragolpe a la cabeza. Para los ganchos entrantes, gire los pies, mueva las caderas y lance un contragolpe a la cara o al cuerpo. Para los *uppercuts* entrantes, inclínese hacia un lado y lance un contragolpe a la cabeza o al cuerpo.

Errores comunes que debe evitar

Al intentar un contragolpe, evite los siguientes errores comunes:

1. **Ser demasiado lento:** Recuerde cronometrar bien su contragolpe. Esperar demasiado para lanzar su puñetazo da tiempo a su adversario para recuperarse y lanzar otro puñetazo.
2. **No mantener el equilibrio:** Mantenga el equilibrio manteniendo alineados los pies, las rodillas y las caderas; esto le ayudará a moverse con rapidez y a lanzar un contragolpe potente.
3. **No anticipar el movimiento del adversario:** Busque siempre las señales de un puñetazo entrante y anticipe el siguiente movimiento de su adversario.
4. **No mantener la forma adecuada**: Mantenga los codos metidos, la barbilla baja y la guardia alta le ayudará a moverse con rapidez y mantener el equilibrio.

Ejercicios de entrenamiento para mejorar sus habilidades de contragolpe

Los siguientes son algunos ejercicios de entrenamiento que le ayudarán a mejorar sus habilidades de contragolpe:

1. Ejercicio de doble *jab*: Este ejercicio consiste en lanzar dos *jabs* antes de lanzar un contragolpe.
2. Ejercicio *jab*/cruzado: Este ejercicio consiste en lanzar un *jab* y contraatacar con un golpe cruzado.
3. Ejercicio de gancho/ *uppercut*: Este ejercicio consiste en lanzar un gancho y contraatacar con un golpe *uppercut*.
4. Ejercicio de boxeo de sombra: Este ejercicio consiste en hacer boxeo de sombra y trabajar la sincronización.
5. Ejercicio de doble *uppercut*: Este ejercicio consiste en lanzar dos *uppercuts* antes de lanzar un contragolpe.

Practicar regularmente estos ejercicios mejora su sincronización, potencia y precisión y le ayuda a lograr un contragolpe eficaz. Además, con estos consejos y trucos, podrá maximizar sus posibilidades de asestar un puñetazo potente.

Este capítulo le ha proporcionado una visión general de los distintos puñetazos y contragolpes en el boxeo y algunos ejercicios de entrenamiento para mejorar sus habilidades. Desde *jabs* y cruzados hasta ganchos y *uppercuts*, ha aprendido lo básico para lanzar cada golpe, cómo calcular el tiempo y ejecutar un contragolpe de forma eficaz. Con práctica y dedicación, podrá realizar un contragolpe eficaz, aprovechando los errores de su oponente y aumentando sus posibilidades de ganar el asalto. Buena suerte.

Capítulo 6: Consejos y técnicas de defensa

Aunque lanzar puñetazos es el lado llamativo del deporte, el arte de la defensa es igual de importante. Una buena defensa puede ayudarle a evitar que lo golpeen y a conservar energía para cuando sea importante. Los boxeadores hábiles pueden lanzar golpes, zigzaguear entre sus oponentes y utilizar el juego de piernas para esquivar los ataques entrantes. No es fácil, pero el resultado merece la pena. Una defensa acertada puede darle la ventaja para salir victorioso de un combate brutal.

Este capítulo se centra en consejos y técnicas de boxeo defensivo. Instruye sobre cómo bloquear y desviar varios golpes, defender la cabeza, utilizar el juego de pies adecuado, balancearse, zigzaguear, deslizarse, hacer *clinching,* rodar, parar y pivotar. Estos elementos críticos del boxeo defensivo lo colocarán en una posición privilegiada para ganar. El combate se gana o se pierde en los detalles; dominar estas habilidades puede marcar la diferencia.

Bloqueo defensivo

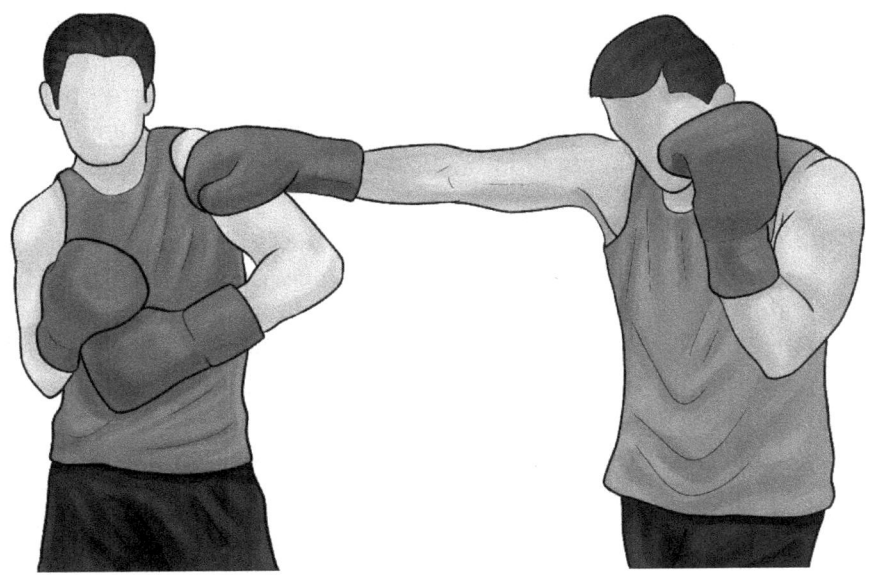

El bloqueo defensivo puede utilizarse para una estrategia ofensiva

El boxeo puede ser un deporte estimulante, pero es peligroso. Un puñetazo bien dado puede acabar abruptamente con un combate, por lo que los púgiles deben dominar el arte de la defensa. El bloqueo defensivo es tan vital como una excelente estrategia ofensiva. En esta sección se analizan dos técnicas esenciales del boxeo: desviar los golpes y protegerse la cabeza. Tanto si es un profesional experimentado como un principiante, estas técnicas le mantendrán a salvo y prolongarán su carrera como boxeador.

Desviar los golpes

Desviar los puñetazos es una técnica de bloqueo defensivo crucial que todo luchador debería dominar. Consiste en utilizar la mano o el antebrazo para redirigir el puñetazo del adversario, haciendo que no alcance su objetivo. Cuando se hace correctamente, desviar los puñetazos puede alterar el ritmo del adversario, gastar su energía y crear una abertura para un contraataque. He aquí algunos consejos para perfeccionar esta técnica:

> 1. **Mantenga una postura relajada**: Luchar con una postura tensa cansa rápidamente. En su lugar, mantenga el cuerpo relajado, con el centro de gravedad bajo y permanezca ligero de pies. Si

permanece alerta, sus reflejos serán más rápidos, lo que le permitirá percibir mejor y redirigir los golpes entrantes.

2. **Utilice el antebrazo:** Un antebrazo firme es una herramienta excelente para desviar los golpes. Mantenga los brazos en posición de guardia y utilice el antebrazo para apartar cualquier gancho o *jab* entrante. El antebrazo debe estar en ángulo para absorber la fuerza del puñetazo y redirigirla lejos de su cabeza o cuerpo.

3. **Mantenga la vista en los hombros de su oponente:** El torso inicia todos los golpes. Manteniendo la vista fija en los hombros de su oponente, usted predice la dirección del golpe y se prepara en consecuencia. Cuando vea que el hombro se tensa, sabrá que se aproxima un puñetazo y utilizará la técnica de bloqueo defensivo adecuada para evitarlo.

4. **Utilice una técnica de desviación:** Dependiendo del ángulo y la dirección del puñetazo, puede utilizar varias técnicas de desviación. Las más comunes son la parada, el bloqueo y la bofetada. Si el puñetazo viene de alto, utilice una parada para desviarlo. Si el puñetazo viene desde abajo, utilice un bloqueo. Si el puñetazo viene desde un ángulo, utilice una bofetada para desviarlo.

Protegerse la cabeza

Protegerse la cabeza es la técnica de bloqueo defensivo más vital en el boxeo. Un golpe en la cabeza puede provocar un nocaut, daños cerebrales o la muerte. He aquí algunos consejos para proteger la cabeza:

1. **Mantenga la guardia alta:** Mantenga las manos cerca de la cara y los codos metidos. Esta postura le protege la cabeza de los golpes. La posición de guardia ideal es con la barbilla hacia abajo, los codos metidos y los puños levantados alrededor de la cara.

2. **Mantenga la distancia ideal**: Una forma excelente de proteger su cabeza es mantener la distancia adecuada entre usted y su oponente. Si está demasiado lejos, será difícil asestar golpes. Si está demasiado cerca, su oponente tendrá un tiro claro a la cabeza. Por lo tanto, la distancia ideal es justo fuera del alcance de los puñetazos de su oponente.

3. **Practique el movimiento de la cabeza:** Un buen movimiento de cabeza implica agacharse, deslizarse y balancearse. Practique estas técnicas para ser más escurridizo y evitar ser golpeado. Además, es esencial mantener la cabeza en movimiento para que el adversario no pueda predecir por dónde se moverá y preparar su golpe en consecuencia.
4. **Sepa cuándo hacer *clinching*:** Si los golpes de su oponente son demasiado rápidos o fuertes, entonces realice un *clinch*. El *clinch* consiste en sujetar a su oponente con un abrazo para impedir que le golpee. Agarrar los brazos del adversario y mantenerlos pegados a su cuerpo impide que lance golpes.

Trabajo de pies básico del boxeo: moverse por el ring con velocidad y precisión

El juego de pies es uno de los aspectos más críticos de este deporte. Un juego de pies adecuado permite a los boxeadores moverse con rapidez y eficacia por el cuadrilátero, lanzando golpes eficaces y evitando al mismo tiempo los ataques de sus oponentes. Esta sección examina detenidamente algunas técnicas básicas de juego de pies que los boxeadores utilizan cuando se mueven por el cuadrilátero. Abarca desde la postura básica y el equilibrio hasta el cambio de peso y el ajuste de la posición de los pies para los distintos golpes. Tanto si es un profesional experimentado como un principiante, dominar estos aspectos básicos es esencial para tener éxito en el cuadrilátero.

Ponerse en posición

Antes de moverse por el ring, debe colocarse en la postura adecuada. Esto significa estar de pie con los pies separados al ancho de los hombros, con los dedos de los pies apuntando ligeramente hacia fuera. Sus rodillas deben estar ligeramente flexionadas y su peso debe estar distribuido uniformemente en ambos pies. A partir de aquí puede ajustar su postura en función de la posición y los movimientos de su adversario.

Los boxeadores profesionales suelen ajustar sus posturas para ser más agresivos o defensivos, dependiendo de la situación. Por ejemplo, si su oponente lanza muchos *jabs*, puede adoptar una postura más defensiva con las manos en alto y la barbilla metida hacia abajo. Por otro lado, si pretende lanzar una combinación, puede ajustar su postura para que sea ligeramente más ancha y agresiva.

Desplazarse por el ring

Cuando esté en la postura adecuada, es hora de empezar a moverse. Puede moverse hacia delante, hacia atrás y de lado a lado dando pasos pequeños y rápidos. Manténgase ligero de pies y con las rodillas flexionadas para mantener el equilibrio y la estabilidad. Dé pasos cortos con el pie adelantado, utilizando el pie trasero para impulsarse hacia delante cuando sea necesario. Cuando se desplace hacia atrás, invierta este movimiento, dando pequeños pasos con el pie de atrás y utilizando el pie delantero para impulsarse. El movimiento lateral consiste en dar pequeños pasos hacia un lado para evitar los golpes de su oponente o para colocarse en una mejor posición para sus golpes.

Equilibrio y cambio de peso

Mientras se desplaza por el ring, debe mantener un equilibrio adecuado y desplazar su peso de forma eficaz. Esto implica mantener el peso centrado sobre los pies y desplazarlo de un pie a otro. Por ejemplo, cuando lance un puñetazo con la mano adelantada, desplace su peso ligeramente hacia el pie adelantado mientras ancla el pie trasero para mantener la estabilidad. El mismo principio se aplica al lanzar puñetazos con el cruzado. Usted desplaza su peso hacia el lado opuesto y utiliza su pie adelantado para mantener el equilibrio.

Ajuste de la posición del pie para diferentes golpes

Diferentes puñetazos requieren un posicionamiento diferente de los pies. Por ejemplo, al lanzar un *jab*, su pie adelantado debería dar un paso adelante ligeramente, dándole más alcance a su puñetazo. Su pie adelantado debe pivotar hacia fuera para un gancho, lo que le permitirá girar el cuerpo y generar más potencia detrás de su puñetazo. Por último, para un *uppercut*, acérquese a su oponente, dando un paso adelante con el pie adelantado para ponerse a su alcance.

Practicar el juego de pies

Como cualquier habilidad, el juego de pies requiere práctica para dominarlo. Dedique tiempo a trabajar su juego de pies en el gimnasio, centrándose en moverse con rapidez y eficacia por el cuadrilátero. Practique diferentes golpes y la colocación de los pies, sintiéndose cómodo con cada movimiento y transición. Lanzará golpes más eficaces y evitará fácilmente los ataques de su oponente a medida que mejore su juego de pies. Aquí tiene algunos ejercicios para empezar:

1. **Boxeo de sombra:** Practique su juego de pies y sus golpes en el saco pesado, centrándose en la velocidad, la potencia y la precisión.
2. **Ejercicios de reacción:** Haga que un compañero le lance puñetazos a distintas velocidades y ángulos. Practique desplazando su peso, ajustando la posición de los pies y esquivando o bloqueando los puñetazos.
3. **Ejercicios de velocidad:** Cronometre lo rápido que puede moverse por el cuadrilátero, practicando ejercicios de juego de pies a distintas velocidades.
4. **Ejercicios de balanceamiento:** Haga que su compañero le lance *jabs* y cruzados, y practique balancearse y esquivarlos hacia un lado.

Técnicas de movimiento de la cabeza

El boxeo no consiste sólo en lanzar golpes, sino también en saber cómo evitarlos. Por lo tanto, las técnicas de movimiento de la cabeza en el boxeo son esenciales si quiere ser un buen boxeador. Estas técnicas pueden ayudarle a evitar golpes, contraatacar y moverse con confianza en el cuadrilátero. Esta sección trata en detalle estas técnicas y cómo dominarlas.

1. *Bobbing*: El *Bobbing* es una técnica que mueve la cabeza arriba y abajo mientras mantiene los pies pegados al suelo. Es una técnica excelente para evitar los ganchos y los puñetazos por encima del hombro. Para realizar esta técnica, mantenga las rodillas ligeramente flexionadas y mueva la cabeza arriba y abajo con fluidez. Mantenga las manos en alto para defenderse de los *jabs* y los cruzados. Practique el balanceo haciendo que un compañero le lance puñetazos mientras usted se balancea y zigzaguea para esquivarlos.
2. **Ondulación:** La ondulación es una técnica que consiste en mover la cabeza de un lado a otro mientras se doblan las rodillas. Es una técnica eficaz para evitar los golpes rectos. Para realizar esta técnica, mueva la cabeza a izquierda y derecha mientras mantiene las manos en alto para defenderse de los ganchos. Puede practicar la técnica haciendo que un compañero le lance puñetazos rectos mientras usted los esquiva.

3. **Balanceamiento:** El balanceamiento es una técnica que consiste en mover la cabeza hacia un lado para evitar un golpe. Es una técnica excelente para evitar *jabs* y rectos. Para realizar esta técnica, mueva la cabeza hacia la izquierda o la derecha mientras dobla las rodillas. Practique el balanceamiento haciendo que un compañero le lance *jabs* y rectos mientras usted se balancea para evitarlos.

4. **Rodar:** Rodar es una técnica que consiste en mover la cabeza en un movimiento circular para evitar los golpes. Es una técnica eficaz para evitar los ganchos y los puñetazos por encima de la cabeza. Para realizar esta técnica, mueva la cabeza en un movimiento circular mientras mantiene las manos en alto para defenderse de *jabs* y rectos. Practique haciendo que un compañero le lance ganchos y puñetazos por encima de la cabeza mientras usted se mueve para esquivarlos.

5. **Parar:** La parada es una técnica en la que se utilizan las manos para desviar un golpe. Es una técnica excelente para evitar *jabs* y rectos. Para realizar esta técnica, utilice la mano delantera para desviar un *jab* o un recto empujándolo hacia un lado. Practique haciendo que un compañero le lance *jabs* y rectos mientras usted los para.

6. **Pivotar:** El pivoteo es una técnica que consiste en girar el cuerpo para evitar un golpe. Es una técnica eficaz para evitar los ganchos y los puñetazos por encima del hombro. Para realizar esta técnica, pivote sobre el pie delantero para girar el cuerpo hacia la izquierda o la derecha. Mantenga las manos en alto para defenderse de los *jabs* y los rectos. Practique el giro haciendo que un compañero le lance ganchos y puñetazos por encima de la mano mientras usted pivota para evitarlos.

Dominar las técnicas de movimiento de la cabeza en el boxeo es esencial para ser un buen boxeador. Estas técnicas pueden ayudarle a evitar los golpes y a contraatacar con eficacia. *Bobbear*, zigzaguear, balancearse, rodar, esquivar y pivotar son técnicas esenciales que todo aspirante a boxeador debe dominar. Practique estas técnicas regularmente con un compañero para mejorar sus habilidades y su confianza en el ring. Recuerde mantener las manos en alto en todo momento, conservar la calma y moverse con fluidez y gracia.

Clinching para la defensa: cómo utilizar los brazos y controlar la distancia

El *clinch* es una valiosa herramienta defensiva

En el boxeo, a veces es necesario utilizar todo el cuerpo para defenderse, incluidos los brazos y las habilidades de *clinch*. Un *clinch* es cuando agarra el cuerpo de su oponente para controlar su movimiento y reducir el daño potencial. El *clinch* puede ser una valiosa herramienta defensiva. Esta sección explora dos aspectos críticos del *clinch*, el uso de sus brazos para la defensa y el control de la distancia en el *clinch*.

Utilizar los brazos para defenderse

Sus brazos son un componente crucial para el éxito del *clinch*. Cuando su oponente esté atacando, utilice los brazos para protegerse la cabeza y el cuerpo. Por ejemplo, mantenga los codos metidos y las manos levantadas alrededor de la cara. Si su oponente intenta golpearle, su cabeza y su cuerpo estarán protegidos.

Cuando esté en el *clinch*, sus brazos deben agarrar el cuerpo de su oponente. Mantenga los codos apretados y presione su cuerpo contra el suyo. Así podrá controlar sus movimientos y restringir el espacio que tienen para moverse a su alrededor. Utilice los brazos para bloquear las rodillas de su oponente, lo que puede ser muy eficaz contra los luchadores que intentan darle un rodillazo en el *clinch*.

Otro uso excelente de sus brazos es crear espacio cuando sea necesario. Por ejemplo, si se encuentra en un apretado *clinch* y su oponente controla sus movimientos, utilice los brazos para apartarlo. Crea distancia entre usted y su oponente, dándole espacio para moverse y defenderse.

Controlar la distancia en el *clinch*

Controlar la distancia es un aspecto fundamental del *clinch*. Debe saber cómo acercarse a su oponente y permanecer allí sin darle demasiado espacio para moverse alrededor. La clave está en dar pequeños pasos y realizar ajustes en la postura y posición corporal. Cuando entre por primera vez en el *clinch*, dé pequeños pasos hacia su oponente. Acerque la cabeza y el cuerpo a los suyos y rodee su cuerpo con los brazos. Cuando controle su movimiento, dé pequeños pasos hacia atrás o hacia los lados para mantener la posición.

Si su adversario intenta alejarse de usted, utilice los brazos para tirar de él hacia atrás. Mantenga los codos pegados al cuerpo y utilice el pecho y los hombros para presionar. Controlará su movimiento y lo mantendrá cerca. A veces su adversario lo empujará hacia atrás o se alejará de usted. En estas situaciones, sea paciente y realice pequeños ajustes en su postura y posición corporal. Mantenga los brazos en alto, listos para defenderse, y espere la oportunidad adecuada para golpear.

El *clinch* puede ser una herramienta defensiva muy eficaz cuando se utiliza correctamente. Utilizar los brazos para defenderse y controlar la distancia son dos aspectos críticos para el éxito del *clinch*. Practique estas habilidades con un compañero para mejorar su técnica y control. Recuerde mantener los codos apretados y utilizar el pecho y los hombros para controlar los movimientos de su oponente. El *clinch* puede convertirse en un componente valioso de su repertorio de lucha con algo de práctica.

Consejos esenciales de los púgiles profesionales para la defensa en el boxeo

Tanto si es un principiante como un boxeador experimentado, la defensa es esencial en su régimen de entrenamiento. Una defensa adecuada puede minimizar el daño infligido por los golpes de un oponente y el desgaste. A continuación se enumeran algunos de los mejores consejos de defensa de boxeadores profesionales que puede incorporar a su entrenamiento.

1. **Mantenga las manos en alto:** Uno de los aspectos más básicos y esenciales de la defensa en el boxeo es mantener las manos en alto delante de la cara. Sus manos deben estar colocadas de forma que cubran su nariz y barbilla a la vez que le proporcionan suficiente espacio para ver los golpes de su oponente. Esta técnica defensiva bloquea los golpes que vienen directamente hacia usted y desde un ángulo.

2. **Manténgase alerta y con los ojos abiertos:** Mientras lucha, debe mantener la concentración y permanecer alerta. Observe atentamente a su oponente y busque señales de ataque. De este modo, podrá planificar sus movimientos en función de los de su oponente. Mantener los ojos abiertos es una habilidad esencial que debe desarrollar.

3. **Postura de boxeo:** Una postura de boxeo sólida puede ayudarle a defenderse mejor durante los combates. Mantenga los pies separados a la anchura de los hombros, el pie izquierdo adelantado (si es diestro), las rodillas ligeramente flexionadas y las manos en alto para protegerse la cara. Utilice la mano izquierda para bloquear el *jab* de su oponente y la derecha para los puñetazos potentes. Por último, mantenga los codos cerca de las costillas para dificultar que su oponente golpee su cuerpo.

4. **Contraataque:** La mejor defensa es un buen ataque. Cuando vea una apertura, aprovéchela al máximo. Lance un contragolpe y mantenga a su oponente retrocediendo, aliviando la presión sobre usted y ayudándole a ganar impulso. Cuando tenga la oportunidad de contraatacar, sea rápido y agresivo.

5. **Ejercicios en pareja:** Practique con un compañero para aprender a defenderse. Haga ejercicios en pareja y aprenda a bloquear sus golpes y a asestar los suyos. Practicar con un compañero desarrolla la sincronización y los reflejos. En un combate real, debe anticiparse a los movimientos de su oponente y encajar sus golpes antes que ellos. La experiencia práctica con un compañero desarrollará esta habilidad.
6. **Concéntrese en la sincronización:** La sincronización es una habilidad esencial para la defensa en el boxeo. Debe cronometrar perfectamente sus bloqueos y contragolpes para evitar ser golpeado. Céntrese en desarrollar su sincronización y sus reflejos haciendo ejercicios en vivo con un compañero. Recuerde que sólo a veces puede confiar en que su guardia le proteja. Debe estar alerta y cronometrar sus bloqueos correctamente para defenderse con eficacia.
7. **Esté atento a las combinaciones del adversario:** Prestar atención a las combinaciones de su oponente es esencial. Si observa que lanza una variedad de golpes, prepárese para bloquearlos todos. Aprenda a defenderse de las combinaciones haciendo ejercicios con un compañero y para asegurarse de que se mantiene alerta durante sus combates. Aprenda a anticiparse a los movimientos de su oponente y a reaccionar con rapidez.

La defensa es vital para su rendimiento en el boxeo. Desarrollar una buena defensa para evitar recibir golpes innecesarios es crucial. Este capítulo cubrió el bloqueo defensivo, el desvío de golpes, el balanceamiento, el *clinch*, el rodar y la parada. También, algunos de los mejores consejos defensivos de boxeadores profesionales para que los incorpore a su régimen de entrenamiento. Recuerde mantener las manos en alto, permanecer alerta y mantener los ojos abiertos. Mueva siempre la cabeza, concéntrese en su juego de pies, esté preparado para contraatacar y practique ejercicios con compañeros. Estos consejos mejorarán su defensa y le conducirán al éxito.

Capítulo 7: 13 combinaciones profesionales que no conocía

El arte del boxeo no consiste sólo en lanzar golpes. Se trata de combinarlos de la forma más estratégica. La combinación correcta de golpes puede marcar la diferencia entre la victoria y la derrota. Una combinación bien ejecutada implica precisión, exactitud y sincronización. Es como un baile coreografiado en el que cada paso debe darse con total concentración y determinación. Combinar golpes puede ser un reto, sobre todo cuando se enfrenta a un oponente hábil, pero es algo bello cuando se domina.

Dominar las combinaciones debería ser una de sus prioridades para tener opciones de convertirse en campeón de boxeo. Este capítulo le enseña los combos básicos, intermedios y avanzados, así como algunos movimientos finales que le ayudarán a ganar ventaja en un combate. Además, contiene instrucciones paso a paso sobre cada combinación para que pueda practicar y perfeccionar sus habilidades hasta que se conviertan en algo natural. Después de todo, la práctica hace al maestro.

Combinaciones básicas de boxeo para potenciar sus habilidades

Todo boxeador está familiarizado con la importancia de dominar los fundamentos. Las combinaciones básicas de boxeo son el pan de cada día del boxeo y le ayudan a ganar ventaja en el cuadrilátero. Debe trabajar su técnica y su forma para ejecutar el golpe, el bloqueo y el contraataque perfectos. Esta sección le guiará a través de las combinaciones esenciales para llevar sus habilidades boxísticas al siguiente nivel.

Combinación de *jab* y cruzado

Combinación de *jab* y cruzado

Esta es una de las combinaciones de boxeo más comunes y eficaces. Comience con un *jab* rápido y afilado a la cara de su oponente, seguido de un potente puñetazo cruzado con su mano dominante. Mantenga la guardia alta tras el puñetazo cruzado para evitar las represalias de su oponente. Practique esta combinación con un saco de velocidad o pesado para mejorar su sincronización y coordinación.

Combinación de gancho y *uppercut*

La combinación de gancho y *uppercut* es una forma estupenda de sorprender a su oponente. Comience con un golpe rápido de gancho con su mano dominante a la cabeza o al cuerpo de su adversario, seguido de un *uppercut* con la otra mano para tomarlo desprevenido. Mantenga el cuerpo equilibrado y en el suelo durante la combinación para evitar ser noqueado. Practique esta combinación en un saco pesado para mejorar su resistencia y potencia.

Combo de derecha por encima del hombro

Combinación de derecha y revés[18]

La combinación de sobregiro de derecha es un puñetazo poderoso que puede derribar a su adversario. Comience con un *jab* para preparar su golpe, luego lance un puñetazo de derecha por encima de la mano dominante directamente a la cabeza de su oponente. Esta combinación debe ejecutarse con la técnica adecuada para evitar telegrafiar su movimiento. La clave de esta combinación es girar las caderas y seguir con el hombro durante el golpe.

Combo uno-dos-tres

Combo uno-dos-tres

La combinación uno-dos-tres es un elemento básico en el arsenal de un boxeador. Empiece con un *jab*, seguido de un puñetazo cruzado y termine con un gancho a la cabeza o al cuerpo de su oponente. Gire el pie durante el puñetazo de gancho para añadir más potencia a su golpe. Esta combinación es perfecta para derribar a su oponente con una secuencia rápida y potente de puñetazos.

Dominio de los movimientos de boxeo intermedios

Los movimientos intermedios son fundamentales para que los boxeadores mejoren su rendimiento en el ring. Estos movimientos implican combinaciones de golpes que requieren velocidad, agilidad, precisión y potencia. Esta sección revela tres movimientos intermedios de boxeo que le ayudarán a ganar ventaja sobre su oponente. Practicar estos movimientos con regularidad en un saco pesado y de velocidad para perfeccionar su técnica le hará imparable en el cuadrilátero.

Combo de gancho de izquierda y sobregiro derecha por encima del hombro

El combo de gancho de izquierda y sobregiro de derecha es una combinación poderosa que puede dejar a su oponente desorientado y fuera de equilibrio. Empiece lanzando un gancho de izquierda a la cabeza o al cuerpo, seguido de un puñetazo de derecha por encima del hombro. Asegúrese de pivotar el pie izquierdo mientras lanza el gancho izquierdo. Este movimiento ayuda a aumentar la potencia de su puñetazo al transferir su peso al pie delantero. El sobregiro de derecha debería sorprender a su oponente, desequilibrándolo. Recuerde seguir el golpe para maximizar el impacto.

Combinación de *Uppercut* principal y *Uppercut* posterior

Combinación de *uppercut* principal y posterior

Una combinación de *uppercut* principal y posterior es un movimiento eficaz de lucha interior para acortar la distancia con su oponente. Empiece lanzando un *uppercut* principal con la mano izquierda y siga con un *uppercut* posterior con la mano derecha. El *uppercut* principal debe centrarse en aterrizar en la barbilla, mientras que el *uppercut* posterior debe apuntar al plexo solar o al hígado. Practique esta combinación con un saco de velocidad o pesado para aumentar su precisión y velocidad.

Combo de gancho doble y *uppercut*

El combo de gancho doble y *uppercut* es una técnica llamativa y eficaz para confundir a su oponente. Empiece lanzando un gancho de izquierda al cuerpo o a la cabeza, sígalo con un gancho de derecha al cuerpo o a la cabeza y termine con un *uppercut* de izquierda. Pivote los pies y rote con las caderas mientras asesta los golpes. Los ganchos deben dirigirse a las costillas o a la sien, mientras que el *uppercut* debe apuntar a la barbilla. Practique este combo imaginando el movimiento de su oponente y ajustando sus golpes en consecuencia.

Combos avanzados

Los combos de boxeo son difíciles de dominar, pero pueden llevar su juego al siguiente nivel cuando aprenda el truco. Los combos adecuados pueden ayudarle a marcar el ritmo, crear aperturas y aturdir a sus oponentes con golpes rápidos y potentes. Así que, para avanzar en sus habilidades de boxeo, es hora de trabajar en combos avanzados. Esta sección comparte algunos de los combos más eficaces para elevar su nivel y mantener en vilo a sus oponentes.

Combo de gancho derecho principal y gancho izquierdo posterior

Este combo comienza con un gancho de derecha

El combo de gancho principal de derecha y gancho de izquierda posterior es una poderosa combinación para cerrar la distancia y abrumar a su oponente. Comience con un *jab*, cree una apertura y sígala con un gancho de derecha. Luego, cuando la guardia de su oponente baje para defenderse del gancho principal, siga con un gancho trasero de izquierda que puede provocar un nocaut. Este combo requiere un buen juego de pies y sincronización, por lo que es mejor practicarlo con un compañero de *sparring*.

Combo de *uppercut* derecho y gancho izquierdo posterior

El combo de *uppercut* de derecha adelantado y gancho trasero de izquierda es otra combinación eficaz para coger desprevenido a su oponente. Comience con un *jab* rápido seguido de un *uppercut* de derecha. El *uppercut* debería conectar con la barbilla de su oponente, dejándolo aturdido y abierto para un gancho posterior de izquierda. El gancho de izquierda es un golpe devastador que puede noquear a su oponente, así que asegúrese de tener un buen equilibrio y postura antes de intentarlo.

Combinación de cuatro puñetazos

Merece la pena probar la combinación de cuatro puñetazos para obtener un combo más complejo. Este combo comienza con un gancho de izquierda, seguido de un *jab*, un gancho y un cruzado. El primer puñetazo debería crear una apertura para el *jab*, que prepara el gancho principal. El puñetazo final, el cruzado, asesta el golpe de potencia de nocaut que puede poner fin al combate. Este combo requiere una buena coordinación y sincronización, por lo que es mejor practicarlo despacio y añadir velocidad gradualmente.

Combo de cruzado con derecha y *uppercut* con izquierda

Comience este combo con un golpe cruzado de derecha

Este es una variación de los combos anteriores y puede realizarse de forma diferente. Empiece con un cruzado de derecha seguido de un *uppercut* con la izquierda. A continuación, el *uppercut* puede dirigirse a la barbilla o al cuerpo de su oponente, dependiendo de su guardia. Este combo puede realizarse con diferentes variaciones, incluyendo un gancho de izquierda, un gancho de derecha o un golpe al cuerpo.

Combo de doble *jab* y cruzado de derecha

El combo de doble *jab* y cruzado de derecha es una combinación clásica para controlar el ritmo de la pelea. Comience con dos *jabs* rápidos creando una apertura para un potente cruzado de derecha. El doble *jab* mantiene a su oponente alerta y prepara sus golpes de potencia. Este combo requiere buena precisión y velocidad, así que practique sus *jabs* y cruzados antes de intentarlo.

Técnicas de nocaut: domine estos movimientos finales

No es ningún secreto que los golpes de KO pueden marcar la diferencia entre ganar y perder un combate. Pero, como boxeador, dominar los movimientos de finalización puede darle ventaja para terminar el combate a su favor. Esta sección examina algunos de los movimientos de remate más eficaces de su arsenal.

Combo de gancho de izquierda principal y gancho de derecha posterior

Uno de los movimientos finales más populares en el boxeo es el combo de gancho izquierdo y gancho derecho posterior. Esta técnica comienza con un gancho de izquierda y un gancho de derecha después para desequilibrar a su oponente y entorpecer su defensa. La clave para ejecutar este combo es asegurarse de que ambos golpes se lanzan con movimientos rápidos y fluidos. Asegúrese de conectar sus golpes con precisión y potencia para garantizar un nocaut exitoso.

Combo de *uppercut* izquierdo, cruzado derecho posterior y *uppercut* derecho principal

Otro movimiento final eficaz es el combo de *uppercut* izquierdo principal, cruzado derecho y *uppercut* derecho principal. Esta combinación se inicia con un *uppercut* izquierdo, seguido de cruzado derecho y finaliza con un *uppercut* derecho. Este combo es muy eficaz en situaciones de combate cuerpo a cuerpo, ya que le permite asestar golpes potentes incluso cuando su oponente tiene la guardia alta. De nuevo, para garantizar el máximo impacto, la clave para ejecutar este combo es mantener un buen juego de pies y velocidad.

Combinación de seis puñetazos

La combinación de seis puñetazos es un movimiento final potente y complejo que implica seis puñetazos lanzados rápidamente. Esta técnica puede ejecutarse en diversas variantes. La más común es una combinación de dos *jabs*, cruzados y ganchos. Este movimiento de remate requiere una sincronización y precisión excelentes, por lo que centrarse en su técnica y velocidad es esencial a la hora de practicarlo. La combinación de seis golpes es eficaz para desgastar a su oponente y encontrar un hueco para un golpe de nocaut.

Golpes al cuerpo

Los golpes se dirigen al hígado y al plexo solar

Aunque muchos movimientos de remate se centran en apuntar a la cabeza de su oponente, los golpes al cuerpo también pueden ser muy eficaces para conseguir un nocaut. Esta técnica se centra en la sección media del oponente, concretamente en el hígado. Un golpe al cuerpo bien colocado puede debilitar eficazmente a su oponente y prepararlo para un golpe de nocaut a la cabeza. Para ejecutar un golpe al cuerpo con éxito, apunte a la sección media de su oponente y utilice el peso de su cuerpo para generar potencia y fuerza tras su puñetazo.

Fintas y amagues

Las fintas pueden distraer a su oponente

Por último, otra técnica eficaz de movimiento final es utilizar fintas y amagues para distraer y confundir a su oponente. Esta técnica finge lanzar un puñetazo en una dirección antes de lanzar un golpe de nocaut en otra. Es una forma muy eficaz de tomar desprevenido a su oponente y asestarle un golpe de nocaut con éxito. Sin embargo, es esencial ser precavido al utilizar esta técnica, ya que requiere un alto nivel de habilidad y puede ser arriesgada.

Consejos para encontrar las mejores combinaciones de boxeo

El boxeo es un deporte fascinante y desafiante que requiere mucha habilidad y resistencia. Uno de los aspectos más importantes del boxeo es aprender a utilizar las combinaciones con eficacia para obtener ventaja sobre su oponente. Las buenas combinaciones de boxeo requieren fuerza física, planificación estratégica y una rápida ejecución. Esta sección proporciona excelentes consejos para encontrar las mejores combinaciones de boxeo para mejorar sus habilidades boxísticas y dominar el cuadrilátero.

Desarrolle una base sólida

Antes de practicar combinaciones complicadas de boxeo, debe construir una base sólida que incluya técnicas básicas como *jabs*, cruzados, ganchos y *uppercuts*. Estos movimientos, cuando se ejecutan correctamente, pueden devastar a su oponente. Empiece por lo básico y practique hasta que pueda ejecutar estos movimientos a la perfección. Después, pase gradualmente a combinaciones más complejas. Sus combinaciones iniciales deben ser lo suficientemente básicas como para que pueda ejecutarlas sin pensar y se conviertan en algo natural.

Estudie los combates de boxeo profesional

Ver combates de boxeo profesional ofrece excelentes oportunidades para observar y aprender de los mejores. Cuando vea estos combates, tome nota de las combinaciones que utilizan sus boxeadores favoritos e intente recrearlas durante sus sesiones de entrenamiento. No dude en pausar los vídeos y practicar los movimientos lentamente para comprender mejor cómo ejecutarlos con precisión.

Practique con un compañero

Practicar con un compañero puede ayudarle a mejorar sus técnicas[19]

Practicar con un compañero es una forma estupenda de mejorar sus técnicas de boxeo. Encuentre a alguien dispuesto a colaborar en sus sesiones de entrenamiento y cree diversas combinaciones. Empiece lanzando golpes básicos y añada gradualmente movimientos más intrincados cuando se sienta más seguro. Trabajar con un compañero ayuda a mejorar su sincronización, precisión y velocidad.

Desarrolle su estilo

Un buen boxeador tiene un estilo único. Lleva tiempo desarrollar su estilo de boxeo, pero experimentar con diferentes combinaciones y técnicas crea un estilo personal que se ajusta a sus capacidades físicas. Probar diferentes combinaciones le ayudará a encontrar los movimientos adecuados que le funcionen en el cuadrilátero. Por supuesto, la mejor manera de encontrar su estilo es practicar, así que dedique el tiempo suficiente a dominar los fundamentos y a aprender nuevas combinaciones.

Practicar contra diferentes adversarios

Cuando haya desarrollado unas cuantas combinaciones, es hora de probarlas contra diferentes oponentes. Comprenderá los puntos fuertes y débiles de su técnica y realizará los ajustes necesarios. Trabajar con otros oponentes agudiza sus reflejos, dándole ventaja en el ring. Cuantos más oponentes enfrente, mayores serán sus posibilidades de éxito.

La constancia es la clave

La constancia es vital para desarrollar las habilidades boxísticas. Debe practicar con regularidad para sacar el máximo partido a sus sesiones de entrenamiento. La constancia ayuda a desarrollar la memoria muscular, que es importante a la hora de ejecutar técnicas complejas. Gran parte del éxito en el ring se reduce a la práctica y a la repetición. La constancia mejorará sus habilidades boxísticas y le dará la confianza necesaria para triunfar en el cuadrilátero.

Mantenga las combinaciones simples

Mantener sus combinaciones simples pero efectivas es la clave del éxito en el ring. No necesita un montón de movimientos extravagantes para ganar un combate; todo lo que necesita es uno o dos golpes potentes que aterricen e impacten en su oponente. Por lo tanto, sea sencillo y cíñase a lo básico. Es mucho más eficaz que ejecutar combinaciones complejas que podrían no funcionar. Unos cuantos golpes bien ejecutados pueden llegar muy lejos y marcar la diferencia en el cuadrilátero.

Dominar las combinaciones de boxeo requiere tiempo, dedicación y paciencia. Recuerde que debe empezar por lo básico y pasar gradualmente a movimientos más complicados. Ver combates de boxeo profesionales, trabajar con un compañero y desarrollar su estilo son formas de mejorar sus habilidades boxísticas. La constancia es fundamental y la práctica hace al maestro. Manténgase concentrado, siga trabajando duro y ejecutará combinaciones impresionantes en poco tiempo.

El boxeo no consiste sólo en lanzar golpes, sino también en ejecutarlos con precisión y exactitud. Dominar las combinaciones básicas del boxeo puede ayudarle a convertirse en un púgil experto. Es esencial empezar por lo básico, trabajar la forma y la técnica y graduarse en combinaciones más complejas. Busque un buen entrenador de boxeo que le guíe a través de estas combinaciones y mejore sus habilidades. Recuerde, la práctica hace al maestro, así que siga entrenando y esforzándose para convertirse en el mejor boxeador que pueda.

Capítulo 8: Un vistazo a los secretos de los boxeadores profesionales sobre el *sparring*

El boxeo es un deporte intenso que exige una buena forma física y agilidad mental. Los boxeadores profesionales son conocidos por su habilidad y su técnica, pero ¿cuáles son sus secretos en lo que respecta al *sparring*?

La clave para ganar el combate no es sólo la fuerza bruta, sino la estrategia y el pensamiento rápido. Con una preparación minuciosa y una actitud decidida, cualquiera puede aprender los secretos del *sparring* de los boxeadores profesionales y convertirse en un campeón. Este capítulo le iniciará en el camino del éxito en el *sparring*.

Este capítulo explora los fundamentos del *sparring*, analiza el momento adecuado para empezar a combatir con un oponente, desglosa los aspectos técnicos del *sparring* y ofrece consejos de expertos de la mano de los profesionales. Desde el infame estilo *«peek-a-boo»* de Mike Tyson hasta el movimiento de cabeza y el juego de pies, estará bien preparado para enfrentarse a su primer combate. A continuación, de camino al combate, explore todo lo relacionado con el *sparring*.

Los fundamentos del *sparring*

El *sparring* puede ayudarle a mejorar sus habilidades[20]

El *sparring* es una parte estándar de casi todos los deportes de combate y una forma estupenda de mejorar sus habilidades. Ya sea aprendiendo artes marciales o practicando kickboxing, el *sparring* es esencial para convertirse en un mejor luchador. Esta sección cubre los fundamentos del *sparring*, proporcionándole todo lo que necesita saber para empezar, desde los beneficios del *sparring* hasta las técnicas.

Por qué debería practicar *sparring*

El *sparring* es parte integral del entrenamiento en artes marciales porque le expone a situaciones de la vida real. Le permite practicar sus técnicas contra un adversario y aprender a reaccionar en diferentes situaciones. Además, el *sparring* le ayuda a mejorar sus reflejos, sincronización, juego de pies y resistencia. Con estos beneficios, el *sparring* es esencial para convertirse en un luchador experto.

Los diferentes tipos de *sparring*

El *sparring* puede dividirse en diferentes tipos, como duro, ligero o técnico. El *sparring* duro es la forma más intensa, en la que los oponentes luchan con toda su potencia. Por el contrario, el *sparring* ligero es menos severo, en el que los luchadores sólo utilizan entre el 30

% y el 60 % de su fuerza. Por último, el *sparring* técnico se centra más en la técnica, donde los luchadores practican movimientos y contragolpes específicos.

Consejos para principiantes

El *sparring* puede ser intimidante, especialmente si se enfrenta a alguien con más experiencia que usted. Sin embargo, puede convertir el *sparring* en una valiosa experiencia de aprendizaje si tiene la mentalidad adecuada. En primer lugar, afronte cada sesión de *sparring* con la mente abierta, dispuesto a aprender y mejorar. En segundo lugar, lleve siempre el equipo de seguridad adecuado, como casco, guantes y canilleras. Por último, no dude en pedir a su entrenador o compañero de *sparring* que le dé su opinión después de cada sesión para ayudarle a identificar las áreas que necesita mejorar y hacer un seguimiento de sus progresos.

El momento adecuado para empezar a hacer *sparring*

¿Es usted un aspirante a boxeador que espera el momento adecuado para empezar a hacer *sparring*? El *sparring* es esencial para el entrenamiento de boxeo, ya que prepara al púgil para situaciones de la vida real. Sin embargo, puede resultar difícil determinar cuándo es el momento adecuado para empezar a hacer *sparring*. Esta sección ofrece una visión de cuándo es apropiado empezar a hacer *sparring* y de sus beneficios.

Conseguir lo básico

Antes de combatir, asegúrese de que ha aprendido y domina las técnicas fundamentales del boxeo. Por ejemplo, lo mejor sería tener un buen juego de piernas, equilibrio y movimiento de cabeza para esquivar eficazmente los golpes de su oponente. Además, asegúrese de que se siente cómodo con la postura y de que sus golpes son precisos y contundentes. Con un buen dominio de estos fundamentos, podrá protegerse y evitar lesionarse durante el *sparring*.

Mejore su forma física

Es imperativo tener una forma física adecuada antes del combate. El *sparring* es una forma intensiva de entrenamiento que le obliga a moverse continuamente durante varios asaltos. Puede ser física y mentalmente agotador, y debe desarrollar su resistencia para hacer frente a las exigencias del *sparring*. Por lo tanto, comience con algunos ejercicios cardiovasculares para mejorar su forma física cardiovascular, como correr, saltar o montar en bicicleta.

La confianza es la clave

Tener confianza antes del combate es beneficioso. Recuerde que se enfrentará a un adversario que intentará golpearle. Por lo tanto, tener confianza en sus técnicas y ser fuerte mentalmente es esencial. Su entrenador puede prepararle mentalmente para afrontar el estrés y la ansiedad del combate. Además, un poco de confianza le hará disfrutar del *sparring* y sacar lo mejor de sí.

Sparring con niveles de habilidad similares

Como principiante, es esencial hacer *sparring* con boxeadores con habilidades similares. Además, hacer *sparring* con alguien con más experiencia le ayudará porque puede enseñarle mucho. Sin embargo, hacer *sparring* con alguien por encima de su nivel de destreza puede ser arriesgado e intimidatorio, afectando su confianza. Por lo tanto, haga *sparring* con alguien de su mismo nivel y progrese poco a poco hacia un oponente más desafiante.

Aprender del *sparring*

Por último, el *sparring* es una oportunidad para aprender de los errores y mejorar su técnica. Observe atentamente los movimientos de su adversario y aprenda a contrarrestarlos. Pruebe diferentes combinaciones y métodos y póngalos a prueba durante el *sparring*. Su entrenador le dará su opinión sobre su actuación y le sugerirá áreas de mejora.

El *sparring* es una parte esencial del entrenamiento de boxeo, pero requiere preparación y sincronización. Asegúrese de haber aprendido los fundamentos, de haber desarrollado su forma física y su confianza, de haber hecho *sparring* con boxeadores de capacidades similares y de haber aprendido del combate. Recuerde, con una buena preparación, el *sparring* se convierte en una parte agradable y beneficiosa de su entrenamiento, que le ayudará a alcanzar sus objetivos en el boxeo.

Aspectos técnicos del *sparring*

El *sparring* agudiza sus técnicas, mejora la confianza y afina sus reflejos. Los aspectos técnicos del *sparring* lo hacen eficaz. Conocer los detalles, desde la postura hasta la mirada, el movimiento del cuerpo y la técnica, puede ayudarle a convertirse en un mejor boxeador. Profundicemos en las consideraciones técnicas del *sparring*.

Postura

La postura que adopte al combatir es crucial. La postura correcta proporciona un buen equilibrio, esencial para mantener la estabilidad durante el *sparring*. La postura le ayuda a moverse dentro y fuera del alcance de forma eficaz mientras mantiene la guardia alta. Una buena postura incluye mantener los pies separados a la anchura de los hombros, la cabeza y los hombros relajados y las rodillas ligeramente flexionadas.

Juego de pies

El juego de pies le ayuda a moverse con rapidez y eficacia para esquivar y evadir ataques mientras prepara los suyos. Una buena técnica de juego de pies incluye:

1. Mantener el peso sobre las puntas de los pies.
2. Cambiar el peso de un pie a otro.
3. Utilizar pasos pequeños y rápidos para desplazarse.

Técnicas de golpe

El golpe es la técnica principal en el *sparring*, y dominar los métodos de golpe puede suponer una gran diferencia en su capacidad para el *sparring*. Una técnica de golpe excelente incluye la forma, el tiempo y la precisión adecuados. Concéntrese en controlar sus puñetazos, patadas y otros golpes. Sus técnicas de golpes deben ser más rápidas y complejas que las de su oponente para mantenerle alerta.

Técnicas de defensa

La defensa es un aspecto esencial del combate, ya que le ayuda a evitar que su adversario le golpee. Existen varias técnicas de defensa, como bloquear, esquivar y parar. Una buena defensa implica:

1. Mantener las manos en alto.
2. Bloquear con los brazos y las piernas.
3. Utilizar su juego de pies para salir del alcance de su oponente.

Al igual que con los golpes, mantener su defensa firme y bajo control es vital. Cuando practique *sparring*, debe estar siempre preparado para defenderse.

Contrataques y técnicas combinadas

Los contrataques y las técnicas combinadas le ayudan a ganar ventaja en el combate. Combinar diferentes métodos, como puñetazos y patadas, puede desequilibrar a su oponente, y los contrataques pueden contrarrestar estratégicamente los movimientos de su adversario. Una buena técnica de contraataque y combinación implica sincronizar sus ataques de forma eficaz y utilizar varias técnicas para mantener a su oponente adivinando.

El combate tiene muchos aspectos técnicos críticos a tener en cuenta para mejorar su nivel de destreza. Su postura, su juego de pies, sus técnicas de golpes y defensa y su capacidad para utilizar los contraataques son esenciales. Al desarrollar estos aspectos técnicos, se convertirá en un mejor boxeador, ganará más confianza y sacará el máximo partido a su entrenamiento.

Consejos de expertos para mejorar su *sparring*

Cualquiera que haya practicado *sparring* sabe que no se trata simplemente de lanzar golpes. Debe ser estratégico y aprender a moverse correctamente para ganar un combate de *sparring*. He aquí algunos consejos de expertos que le ayudarán a mejorar su *sparring* y a aventajar a sus oponentes. Desde el estilo *peek-a-boo* hasta la sincronización y el control de la distancia, estos consejos le ayudarán a convertirse en un luchador mejor y más eficaz.

Estilo *Peek-a-Boo*

Uno de los estilos más populares y eficaces en el boxeo es el estilo *peek-a-boo*. Una guardia alta y un movimiento de vaivén caracterizan este estilo. Mantener los brazos en alto le protege la cara mientras se balancea hacia dentro y hacia fuera, lo que dificulta que su oponente le golpee. Para practicar el estilo *peek-a-boo*, debe centrarse en mantener la barbilla baja, con los codos metidos y la parte superior del cuerpo relajada. Puede practicar el estilo balanceándose mientras lanza golpes para mantener a su oponente en la incertidumbre y creando aperturas para contraataques.

Movimiento de la cabeza y juego de pies

Otro aspecto crítico del *sparring* es el movimiento de la cabeza y el juego de pies. Aprender a mover la cabeza y los pies al unísono le ayudará a esquivar los golpes de su oponente y a crear huecos para sus ataques. Mantenga los pies separados a la altura de los hombros y el peso distribuido uniformemente, listo para moverse en cualquier dirección. Mover la cabeza de lado a lado le ayuda a esquivar los puñetazos; pivotar sobre el pie trasero le ayuda a moverse rápidamente hacia un lado y escapar del peligro.

Control del tiempo y la distancia

La sincronización y el control de la distancia son vitales en cualquier sesión de *sparring*. Controlar la distancia entre usted y su oponente es crucial. Anticipe los movimientos de su oponente analizando sus movimientos y patrones para mejorar su sincronización. Practique reaccionar rápidamente a sus movimientos haciendo boxeo de sombra o practicando con un compañero.

Para controlar la distancia, debe entrar y salir del alcance rápidamente mientras mantiene a su oponente al alcance de su golpe. Utilice el juego de pies para entrar y salir del alcance, y aprenda a lanzar un puñetazo mientras se mueve. Cuanto más control tenga sobre la distancia, más eficaz será en el combate.

Preparación mental

El *sparring* no sólo tiene que ver con la fuerza física y la técnica, sino también con la preparación mental. Ir a una sesión de *sparring* con una mentalidad clara y concentrada le ayuda a mantener la calma y a tomar mejores decisiones. Aprenda a respirar profundamente y a centrarse en la tarea. No deje que sus emociones se apoderen de usted, en lugar de eso, utilícelas para alimentar sus movimientos y mantenerle motivado.

Formación coherente

Practicar con constancia es vital para convertirse en un mejor luchador y adquirir la confianza necesaria para dominar una disciplina. Encuentre a alguien con quien practicar el *sparring* en quien pueda confiar y trabaje con él regularmente. Además, preste atención a su técnica, céntrese en la forma adecuada y reciba los comentarios de su entrenador. Cuanto más practique, mejor boxeador llegará a ser.

Afinar los reflejos

Los reflejos son esenciales para tener éxito en el combate. Como boxeador, necesita tener reacciones ofensivas y defensivas. Cuantos más reflejos tenga, mejor boxeador llegará a ser. Puede perfeccionar sus reflejos practicando ejercicios que impliquen reacciones rápidas a golpes o movimientos de su oponente. Considere el *sparring* como una forma de practicar y poner a prueba sus límites en un entorno seguro. No se trata de ganar o perder, sino de aprender y desarrollarse como boxeador.

¡Preparados, listos, *spar*! Preparación para su primer *sparring*

Subir al ring para su primer combate de *sparring* puede ser intimidante. Se enfrentará a un adversario que intenta golpearlo activamente. Puede ser angustioso. Pero con la preparación adecuada, puede afrontar con confianza su primer combate de *sparring*. Ya sea su primera vez o la centésima, la práctica es fundamental. He aquí algunos consejos y directrices que le ayudarán a prepararse para su primer combate de *sparring*.

Formación

El entrenamiento es la base de cualquier combate de *sparring* exitoso. Así que, antes de subir al ring, asegúrese de realizar regularmente ejercicios que aumenten su resistencia, fuerza, agilidad y equilibrio. Su entrenamiento debe incluir boxeo de sombra, trabajo con saco y ejercicios con compañeros. Todo ello le ayudará a perfeccionar su técnica y su tiempo de reacción.

Equipo de seguridad

La seguridad debe ser la máxima prioridad. Invierta en equipos de seguridad de alta calidad para proteger su cabeza, boca y manos. Si practica kickboxing, también debería tener equipo de protección para las canillas y los pies. Mantenga su equipo limpio y en buen estado, y sustitúyalo cuando sea necesario.

Conozca las normas

Las diferentes artes marciales tienen reglas específicas para los combates de *sparring*, así que asegúrese de saber qué puede esperar antes de entrar en el ring. Por ejemplo, familiarícese con el sistema de puntos, la duración del combate y los golpes permitidos. También debe saber qué equipo de protección debe llevar; este conocimiento le ayudará a tener una experiencia de *sparring* segura y agradable.

Esté atento a su oponente

Su oponente es su mejor maestro, así que preste atención a cómo se mueve en el ring y aprenda de sus técnicas. Respete los límites físicos y emocionales de su oponente y muestre siempre cortesía. Aproveche el combate de *sparring* como una oportunidad para entablar una relación con su oponente, ya que puede darle valiosos comentarios y críticas constructivas.

Centrarse en el juego de pies

El juego de pies suele pasarse por alto en los entrenamientos, pero es crucial para el éxito de un combate de *sparring*. Su juego de pies le ayudará a evitar los golpes entrantes, a mantener el equilibrio y a preparar los contraataques. Por lo tanto, incluya ejercicios de juego de pies en su rutina de entrenamiento y practique los movimientos de entrada y salida.

Domine sus golpes

Sus puñetazos son sus armas más potentes en el ring. Debe practicar lanzando diferentes puñetazos con la forma adecuada. Preste atención a su técnica y potencia. Debe asegurarse de que puede asestar golpes precisos y potentes al tiempo que controla los movimientos de su cuerpo. Ponga a prueba sus *jabs*, cruzados, ganchos y *uppercuts* en combates de *sparring* para ver cómo funcionan contra sus oponentes.

Elija bien a sus adversarios

Cuando practique *sparring*, es esencial encontrar un compañero adecuado. Necesita a alguien que pueda desafiarlo y ayudarlo a llevar sus habilidades al siguiente nivel. Trabajar con alguien con experiencia similar puede ser lo mejor si es usted principiante. Si tiene más experiencia, busque a alguien que pueda desafiarle y ayudarlo a perfeccionar sus técnicas. No obstante, pida consejo a su entrenador si necesita ayuda para decidir a quién elegir.

Conducirse con confianza

Su mentalidad es tan importante como su preparación física para un combate de *sparring*. Antes de subir al ring, concéntrese en pensamientos positivos y visualice su éxito. Muéstrese seguro de sí mismo y recuerde por qué está haciendo esto en primer lugar. Diviértase, manténgase relajado y confíe en su entrenamiento y en sus instintos.

Visualice el éxito

La visualización es una herramienta poderosa para los atletas y puede ayudarle a prepararse para los rigores de su primer combate de *sparring*. Dedique tiempo a visualizarse ejecutando con éxito sus técnicas, esquivando los ataques de su oponente y saliendo victorioso. Manténgase positivo, crea en sí mismo y recuerde que el combate es tanto un desafío mental como físico.

El *sparring* puede ser una experiencia desafiante y gratificante, y es natural sentirse nervioso antes del primer combate. Pero con la mentalidad y la preparación adecuadas, puede afrontar con confianza su combate de *sparring*. Concéntrese en su entrenamiento, invierta en equipo de seguridad, familiarícese con las reglas, dé prioridad a su juego de pies y manténgase positivo. Siguiendo estos consejos, estará bien encaminado hacia el éxito en el ring. Feliz combate.

Capítulo 9: Usar el saco pesado

No es ningún secreto que el boxeo es un entrenamiento intenso que desafía la resistencia física y mental. Pero, ¿ha probado alguna vez utilizar el saco pesado para llevar su *fitness* al siguiente nivel? Este entrenamiento le llevará a dar rienda suelta a cada gramo de fuerza que posea. El entrenamiento de alta intensidad consiste en lanzar puñetazos y patadas sobre el saco pesado de forma rítmica y continua. Este entrenamiento desafía a muchos músculos, obligándole a comprometer su torso, piernas, brazos y hombros.

Cuando haga bien los movimientos, se sentirá como un campeón mientras golpea y patea el saco, dejándolo todo sobre la colchoneta. Este capítulo ilustra los beneficios de entrenar con un saco pesado, qué materiales necesita para empezar y ejercicios que le ayudarán a perfeccionar su técnica. Así que tome sus guantes, ponga su cara de luchador y empiece a machacar ese saco. Es hora de liberar el poder que lleva dentro.

Ábrase camino hacia la buena forma física: beneficios de entrenar con un saco pesado

Un saco pesado puede ayudarle a mejorar la coordinación y el equilibrio[11]

Además de ser un medio de defensa personal, el entrenamiento de boxeo proporciona un entrenamiento excepcional de todo el cuerpo. Un saco de boxeo pesado para hacer ejercicio es una forma estupenda de ponerse en forma, desarrollar fuerza y resistencia y mejorar la coordinación y el equilibrio generales. Así que, si quiere subir el nivel de su rutina de ejercicios, sumerjámonos en los beneficios de entrenar con un saco de boxeo pesado.

Entrenamiento corporal total

El boxeo con saco es una forma estupenda de deshacerse de esos kilos de más y trabajar para construir un físico esbelto y tonificado. Los movimientos de puñetazo, patada y esquivar implican a todo su cuerpo y activan múltiples grupos musculares. Además, lanzar combinaciones de alta intensidad obliga a su cuerpo a esforzarse mucho y quemar calorías. Lance varios puñetazos y movimientos, y recuerde mantener su torso implicado durante todo el ejercicio para sacar el máximo partido a su entrenamiento.

Mejora de la resistencia cardiovascular

El entrenamiento con saco de boxeo es excelente para mejorar su resistencia cardiovascular. El movimiento continuo de su cuerpo mientras realiza diferentes combinaciones de puñetazos supone un reto importante para su corazón y sus pulmones. El aumento de la frecuencia cardiaca durante el entrenamiento ayuda a mejorar la resistencia, el aguante y la salud cardiovascular. Aumentar gradualmente la intensidad e incorporar el entrenamiento a intervalos de alta intensidad (HIIT) a su rutina de entrenamiento le ayuda a conseguir una forma física óptima.

Mayor fuerza y potencia

El peso del saco de boxeo oscila entre las 70 y las 100 libras, lo que significa que usted compromete los músculos de la parte superior e inferior de su cuerpo y trabaja para desarrollar puñetazos más fuertes, patadas y fuerza en general. Además, el aspecto de entrenamiento de resistencia del boxeo con saco le ayuda a desarrollar los músculos y a aumentar su potencia general. Este entrenamiento puede ser especialmente beneficioso para atletas como luchadores y jugadores de fútbol, ya que mejora su potencia, velocidad y explosividad.

Mejora del juego de pies y del equilibrio

Su juego de pies y su equilibrio son cruciales en el boxeo. Sin un juego de pies y un equilibrio adecuados, corre el riesgo de perder el control de sus golpes, dejándose vulnerable a los ataques. Entrenando con un saco de boxeo pesado, aprenderá diversas técnicas de juego de pies, mejorará su equilibrio y comprenderá mejor cómo desplazar su peso durante las combinaciones de boxeo. Además, incorporar el boxeo de sombra y los movimientos laterales a su entrenamiento mejora su juego de pies y su equilibrio en general.

Mejor precisión y sincronización

El boxeo con saco le permite trabajar su precisión lanzando golpes y apuntando a puntos específicos del saco. Este entrenamiento mejora su sincronización y reacción al imitar las condiciones del combate. Lanzar combinaciones rápidas y precisas mejora la coordinación mano-ojo, lo que facilita una respuesta rápida a los golpes.

Ejercicios de calentamiento

El boxeo es uno de los entrenamientos más intensos y físicamente exigentes. Requiere fuerza y resistencia, junto con una técnica y una forma adecuadas. Por lo tanto, antes de empezar a entrenar con un saco de boxeo pesado, debe realizar ejercicios de calentamiento para preparar su cuerpo para los rigores del entrenamiento. Esta sección analiza los beneficios de los ejercicios de calentamiento previos al entrenamiento y explora cinco actividades para preparar su cuerpo para un entrenamiento intenso de boxeo.

Saltos de tijera

Los saltos de tijera son un ejercicio clásico de calentamiento, y por una buena razón: son una forma eficaz de elevar el ritmo cardíaco y hacer que la sangre fluya por todo el cuerpo. Empiece con los pies juntos y los brazos a los lados. A continuación, salte, separando las piernas mientras levanta los brazos hacia los lados hasta que las manos se junten por encima de la cabeza. Vuelva a la posición inicial y repita. Haga esto durante un minuto o hasta que su ritmo cardíaco aumente.

Rodillas altas

Las rodillas altas son otro ejercicio de calentamiento para aumentar su ritmo cardíaco y la circulación sanguínea. Póngase de pie con los pies separados al ancho de las caderas. A continuación, levante la pierna derecha, llevando la rodilla hacia el pecho. A medida que baja la pierna derecha, levante la izquierda de forma similar, alternando las piernas rápidamente mientras permanece de pie en su sitio. Haga esto durante aproximadamente un minuto o hasta que sienta que ha entrado en calor.

Círculos con los brazos

Los círculos con los brazos preparan la parte superior de su cuerpo para el ejercicio. Póngase de pie con los pies separados a la altura de los hombros y los brazos estirados a los lados, paralelos al suelo. Haga círculos pequeños con los brazos y aumente gradualmente el tamaño de los círculos hasta que haga círculos grandes con todo el brazo. Después de completar una serie en una dirección, invierta la dirección y repita. Haga esto durante unos 30 segundos en cada dirección.

Balanceo de piernas

El balanceo de piernas es un excelente ejercicio de calentamiento. Póngase de pie junto a una pared o un poste para mantener el equilibrio. A continuación, balancee la pierna derecha hacia delante y hacia atrás hasta donde le resulte cómodo mientras mantiene inmóvil la parte superior del cuerpo. Tras completar una serie con una pierna, repita con la otra. Haga esto durante unas diez veces con cada pierna.

Estiramientos dinámicos

Los estiramientos dinámicos implican un movimiento con impulso controlado y mejoran la flexibilidad y la amplitud de movimiento. Empiece con una estocada y pase a un estiramiento de isquiotibiales enderezando la pierna delantera mientras se inclina hacia delante. A continuación, vuelva a la posición de estocada y pase a un estiramiento de cuádriceps doblando la pierna trasera mientras lleva el talón hacia los glúteos. Repita este movimiento durante 5-10 repeticiones antes de cambiar de pierna.

Entrenar con un saco de boxeo pesado es muy beneficioso para su forma física general, pero también somete a su cuerpo a una gran tensión si no lo hace correctamente. Añadir estos ejercicios de calentamiento a su rutina de boxeo reduce el riesgo de lesiones y aumenta su rendimiento. Caliente siempre antes de un entrenamiento y conviértalo en una parte habitual de su rutina para asegurarse de que saca el máximo partido a su entrenamiento.

Ejercicios básicos con saco pesado: las piedras angulares del boxeo

El boxeo no consiste sólo en golpear fuerte y noquear a su oponente, es una habilidad que requiere disciplina y un entrenamiento constante. Una de las formas de mejorar sus habilidades en el boxeo es incorporando a su rutina ejercicios regulares con el saco pesado. Los ejercicios con saco pesado ayudan a los boxeadores de todos los niveles de habilidad a desarrollar resistencia, mejorar la técnica y aumentar la fuerza. Esta sección analiza los ejercicios básicos con saco pesado que todo boxeador debería aprender a dominar.

Jabs y cruzados

El *jab* es un golpe básico en el boxeo. Es eficaz y prepara otros golpes. Para ejecutar un ejercicio básico de *jab* con saco pesado, haga lo siguiente:

1. Empiece colocándose delante des saco con los pies separados al ancho de los hombros y el pie dominante ligeramente detrás del otro.
2. Coloque la mano principal cerca del saco y extienda el brazo, dando un golpe rápido y seco.
3. Tras el *jab*, retroceda y sígalo con un cruzado.

El cruzado es un puñetazo recto con su mano dominante para seguir al *jab*. Los ejercicios combinados de *jab-cruzado* en el saco pesado son estupendos para calentar y perfeccionar las técnicas.

Uppercuts y ganchos

Los *uppercuts* y los ganchos son golpes pensados para ser lanzados a corta distancia. En primer lugar, colóquese cerca del saco con las rodillas ligeramente flexionadas para ejecutar un ejercicio de *uppercut* en el saco. A continuación, doble el brazo y utilice el peso de su cuerpo para lanzar el puñetazo hacia arriba, hacia el saco. Por otro lado, los ganchos utilizan la fuerza de rotación de su cuerpo para lanzar un puñetazo de lado hacia el saco. Los ejercicios de gancho con el saco son perfectos para trabajar la mecánica corporal. Practique en ambos lados para asegurarse de que tiene la misma fuerza en ambos brazos.

Combinaciones corporales

Las combinaciones corporales son un pilar vital del entrenamiento de boxeo. Estos combos trabajan todo el cuerpo y hacen que el boxeador se mueva alrededor del saco. Los ejercicios con combinaciones corporales en el saco incluyen movimientos como *jabs* corporales, ganchos corporales y cruces corporales, dirigidos al torso del oponente. Mezcle y combine estas combinaciones para crear un sinfín de ejercicios con los que mejorar su técnica de boxeo.

Ejercicios de juego de pies

Los ejercicios de juego de pies mejoran su velocidad, agilidad y equilibrio. Un excelente ejercicio de juego de pies para principiantes es el «paso y pivote». Colóquese en su postura básica de boxeo, dé un pequeño paso con el pie adelantado y luego pivote sobre el metatarso para girar el cuerpo. Repita el ejercicio siguiendo con un puñetazo o una combinación. Este ejercicio ayuda a mantener la estabilidad y el equilibrio.

Ejercicios para llenar el saco

Los ejercicios de «llenar el saco» consisten en utilizar la parte superior e inferior del cuerpo para golpear el saco lo más fuerte posible. Comience un ejercicio de «llenar el saco» con una ronda de puñetazos combinados. Siga con una serie de *jabs* agresivos, cruzados, *uppercuts* y ganchos. Este ejercicio genera confianza y es una forma estupenda de exigirse para mantener altos sus niveles de energía.

A sudar la gota gorda: guía de ejercicios con saco pesado

No sólo es una forma estupenda de aliviar el estrés y liberar frustraciones reprimidas, sino que entrenar con un saco pesado es también una forma fantástica de mejorar su salud física. Los boxeadores profesionales y los luchadores de MMA utilizan el entrenamiento con saco pesado para mejorar su fuerza, potencia y resistencia. Pero no deje que eso le intimide. Aquí tiene unos sencillos ejercicios a seguir para un gran entrenamiento con saco pesado:

Rondas 1-3: Golpes básicos

Las tres primeras rondas de su entrenamiento deben centrarse en perfeccionar los golpes básicos: *jabs*, cruzados y ganchos. Estos tres golpes le permitirán establecer un ritmo, comprender las dimensiones del saco y del impacto que está generando. A continuación, céntrese en una técnica adecuada. Por ejemplo, muévase desde las caderas, gire los hombros e imagine su objetivo frente a usted. Esto hace trabajar la parte superior de su cuerpo y los músculos centrales. Cada ronda debe durar entre 1 y 2 minutos, y debe mantener un ritmo constante. Considere tomar un descanso de 30 a 60 segundos entre rondas.

Ronda 4: Llenar el saco

Ahora es el momento de dejar salir algo de esa frustración contenida. Para esta ronda, concéntrese en golpear el saco con tanta rabia y potencia como sea posible. Cuando golpee el saco, acelere el ritmo y lance la combinación que acaba de trabajar. Siga así durante una ronda completa de dos minutos, después descanse 30 segundos. Repita esto durante dos o tres rondas, manteniendo esa intensidad.

Ronda 5: Ejercicios de juego de pies

La quinta ronda gira en torno al juego de pies. Ponga alguna de sus melodías favoritas y rodee el saco con diferentes combinaciones de movimientos paso a paso. Puede dar vueltas alrededor del saco en diferentes direcciones. Por ejemplo, empiece dando un paso hacia la izquierda y, a medida que se desplace alrededor del saco por completo, comience con la combinación moviéndose hacia la derecha. De nuevo, conseguirá un ejercicio significativo para mejorar su juego de pies y su fuerza central a la vez que quema calorías.

Rondas 6-8: Combinaciones corporales

Utilice estas tres rondas para centrarse en golpear el saco con combinaciones utilizando la parte superior e inferior de su cuerpo. Las combinaciones corporales deben ser el foco principal de esta ronda. Recuerde, la potencia viene de sus caderas. Así que no deje de moverlas y cambie entre lanzar golpes desde ambos lados del cuerpo. Cada ronda debe durar dos minutos, con un minuto de descanso en medio. Estas rondas hacen trabajar todo su cuerpo, no sólo los brazos.

Rondas 9-15: *Jabs*, cruzados y ganchos

En los últimos asaltos, céntrese en ráfagas cortas de acción de alta intensidad, con breves periodos de descanso entre asaltos. Realice una serie de *jabs*, cruzados y ganchos sobre el saco pesado, manteniendo el ritmo con el que trabajó durante los tres primeros asaltos. Añada potencia a cada combinación y sienta el impacto de cada golpe. Repita estas rondas una, dos o tres veces, descansando 30 segundos entre cada ronda.

Ejercicios de enfriamiento tras un entrenamiento con saco pesado

Si alguna vez ha asistido a una clase de kickboxing o boxeo, sabrá lo intenso que puede ser un entrenamiento con saco pesado. Los puñetazos, las patadas y el juego de pies requieren mucha energía y esfuerzo. Después de un entrenamiento intenso, es esencial tomarse unos minutos para enfriarse y estirar adecuadamente los músculos. Esta sección trata de ejercicios prácticos de enfriamiento para evitar lesiones y recuperarse de su entrenamiento con saco pesado.

Estiramientos de pantorrilla

Las pantorrillas son una de las zonas que pueden quedar rígidas y doloridas después de un entrenamiento con saco pesado. Para estirarlas correctamente, colóquese frente a una pared a una distancia aproximada de un brazo. Apoye las palmas de las manos en la pared y retroceda con un pie, manteniéndolo plano sobre el suelo. Apóyese en la pared hasta que sienta un estiramiento en la pantorrilla de la pierna de atrás. Mantenga el estiramiento durante 15-30 segundos y luego cambie de pierna. Repita este estiramiento unas cuantas veces en ambos lados.

Estiramientos de cuádriceps

Los cuádriceps, o músculos de la parte delantera del muslo, también trabajan mucho durante un entrenamiento con saco pesado. Primero, póngase de pie con los pies separados a la distancia de las caderas y doble una rodilla, llevando el talón hacia los glúteos. A continuación, agarre el tobillo y tire suavemente de él hacia los glúteos, sintiendo un estiramiento en los cuádriceps. Mantenga el estiramiento de 15 a 30 segundos y luego cambie de pierna. Repita este estiramiento a ambos lados unas cuantas veces.

Estiramientos de glúteos

Los glúteos, o músculos del trasero, se utilizan con frecuencia durante un entrenamiento con saco pesado. Para estirarlos, haga lo siguiente:

1. Túmbese boca arriba con las rodillas flexionadas y los pies apoyados en el suelo.
2. Cruce el tobillo izquierdo sobre la rodilla derecha, agarre el muslo derecho y tire suavemente de la pierna hacia el pecho. Debería sentir un estiramiento en el glúteo izquierdo.
3. Mantenga el estiramiento durante 15-30 segundos y luego cambie de pierna.
4. Repita este estiramiento varias veces en ambos lados.

Estiramientos de cuello y hombros

Es habitual arrastrar tensión en el cuello y los hombros, sobre todo después de un entrenamiento con saco pesado. Siéntese o póngase recto y gire lentamente la cabeza de un lado a otro, acercando la oreja al hombro para liberar esta tensión. Tómese su tiempo; no fuerce el estiramiento. A continuación, encoja los hombros hacia las orejas, aguante unos segundos y luego suelte. Repita estos estiramientos unas cuantas veces.

Posturas de yoga

Las posturas de yoga son excelentes para estirar todo el cuerpo y favorecer la relajación después de un duro entrenamiento con saco. Las posturas beneficiosas incluyen el perro mirando hacia abajo, la postura del niño y la postura de la vaca-gato. A medida que avance por estas posturas, concéntrese en su respiración y libere la tensión muscular.

Tomarse unos minutos para enfriarse y estirarse después de un entrenamiento fuerte afecta significativamente cómo se sentirá al día siguiente. Incorporar estiramientos de pantorrillas, cuádriceps, glúteos, cuello y hombros y posturas de yoga a su rutina posentrenamiento puede prevenir lesiones y favorecer la recuperación muscular. Escuche siempre a su cuerpo y no se presione demasiado al estirar.

Un entrenamiento con saco pesado es excelente para trabajar todo el cuerpo y aliviar el estrés. Aunque el entrenamiento pueda parecer intimidante, ahora que sabe qué hacer, es más fácil que nunca empezar. Siga las pautas anteriores y muy pronto será un experto. Recuerde, la clave del entrenamiento con saco pesado es centrarse en la técnica y la potencia, así que tómese su tiempo para perfeccionar su forma y siga esforzándose. Pronto verá resultados y golpes potentes.

Capítulo 10: Veinte errores comunes que debe evitar (sea novato o no)

El boxeo es desalentador, especialmente con lo mucho que está en juego al luchar contra un oponente y la presión de ganar. Como ocurre con cualquier habilidad, es inevitable que se produzcan errores, ya sea un profesional experimentado o un principiante. Sin embargo, los errores pueden convertirse en oportunidades de crecimiento y mejora. La clave está en aprender de ellos, ajustar su técnica y seguir adelante. Así que, tanto si ha bajado accidentalmente la guardia como si ha lanzado un puñetazo equivocado, no sea demasiado duro consigo mismo. Por el contrario, tómelo como una oportunidad de mejorar y siga luchando en el ring.

Este capítulo examina algunos de los errores más comunes que cometen los boxeadores principiantes e incluso los avanzados, por qué son erróneos y cómo evitarlos o corregirlos. Se cubre todo, desde la respiración incorrecta hasta no tomar descansos. Son cuestiones que querrá evitar si se toma en serio lo de ser un mejor boxeador. Los mejores boxeadores aprenden de sus errores y se esfuerzan continuamente por mejorar.

Errores comunes de los boxeadores principiantes

Se necesita mucho esfuerzo y tiempo para dominar las habilidades y técnicas de boxeo necesarias. Sin embargo, como principiante, debe evitar errores comunes que podrían perjudicar su entrenamiento y su progreso. Esta sección explica los errores comunes que cometen los boxeadores principiantes, por qué son erróneos y cómo evitarlos y corregirlos.

No calentar adecuadamente

Un calentamiento es necesario para cualquier deporte[22]

El calentamiento es esencial en cualquier entrenamiento, incluido el boxeo. Sin embargo, algunos boxeadores principiantes no le prestan la atención que merece. Un calentamiento adecuado prepara su cuerpo y su mente para el intenso entrenamiento que le espera y previene las lesiones. Saltarse el calentamiento puede provocar distensiones musculares y desgarros, retrasando su progreso o incluso acabando con su carrera.

Dedique entre 10 y 15 minutos al calentamiento antes de empezar a entrenar para evitar este error. Un buen calentamiento debe incluir ejercicios cardiovasculares (saltos de tijera o saltar la cuerda), ejercicios de movilización articular (balanceos de piernas o círculos de brazos) y ejercicios de estiramiento dinámico (como estocadas o sentadillas). Asimismo, refrésquese y estire después de la sesión de entrenamiento para ayudar a su cuerpo a recuperarse y prevenir problemas musculares.

No utilizar la técnica adecuada

Tener la técnica adecuada es crucial en el boxeo. Con un enfoque incorrecto, corre el riesgo de lesionarse a sí mismo o a su oponente. Por desgracia, muchos boxeadores principiantes descuidan centrarse en la técnica adecuada porque piensan que no es importante. Sin embargo, es la base de todo lo que se hace en el boxeo. Aprenda la técnica adecuada para cada golpe para evitar este error. En primer lugar, trabaje los aspectos básicos, como el juego de pies, la postura y el movimiento de la cabeza, antes de pasar a las técnicas avanzadas. A continuación, practique cada golpe, centrándose en la forma y el movimiento correctos. Considere también la posibilidad de contratar a un entrenador o a un mentor que le guíe en los aspectos técnicos del boxeo.

No comer los alimentos adecuados

El boxeo requiere mucha energía y resistencia, por lo que debe alimentar su cuerpo correctamente. Sin embargo, algunos boxeadores principiantes no prestan suficiente atención a su nutrición, pensando que es innecesaria. Error. Comer los alimentos adecuados influirá significativamente en su rendimiento y su progreso.

Para evitar este error, haga lo siguiente:

1. Asegúrese de seguir una dieta equilibrada y sana, que incluya hidratos de carbono, proteínas y grasas.
2. Además, coma mucha fruta y verdura, que aportan vitaminas y minerales esenciales.
3. Evite comer comida basura y procesada, que puede dañar su organismo y afectar negativamente su rendimiento.
4. Beba suficiente agua para mantener su cuerpo hidratado.

No anticipar los movimientos de su oponente

En el boxeo, debe anticipar los movimientos de su adversario para contrarrestarlos. Por desgracia, muchos boxeadores principiantes no tienen esto en cuenta, y quedan vulnerables a los ataques. Sin embargo, la mayoría de los oponentes son experimentados, por lo que pueden percibir su falta de preparación y aprovecharse.

Para evitar este error, haga lo siguiente:
1. Manténgase alerta y preste atención al lenguaje corporal de su adversario.
2. Aprenda a leer sus movimientos para predecir lo que hará a continuación.
3. Practique ejercicios de contragolpe con un compañero para ayudarle a desarrollar buenos reflejos y habilidades de anticipación.

No seguir la regla de los 3 segundos

La regla de los 3 segundos es una estrategia clásica del boxeo que existe desde hace muchos años. Establece que debe tomarse 3 segundos para pensar y planificar su siguiente movimiento después de que se haya lanzado un golpe. Es importante porque le permite evaluar la situación, desarrollar una estrategia y llevarla a cabo. Desgraciadamente, algunos boxeadores principiantes no siguen esta regla, lo que les lleva a realizar movimientos precipitados y desacertados.

Para evitar este error, haga lo siguiente:
1. Tómese unos segundos para pensar antes de actuar.
2. Concéntrese en su respiración y despeje la cabeza.
3. Analice la situación y decida.

Practicar esta regla en ejercicios con un compañero sería lo mejor para ayudarle a desarrollar un mejor sentido de la sincronización.

No trabajar el juego de pies

El juego de pies es esencial para ser un boxeador de éxito. Por desgracia, muchos principiantes descuidan este aspecto de su entrenamiento y sufren las consecuencias. Un buen juego de pies permite a los púgiles moverse con eficacia por el cuadrilátero, evitar los golpes y asestar los suyos. Por lo tanto, los boxeadores principiantes deben centrarse en desarrollar ejercicios de juego de pies en su rutina de entrenamiento para mejorar su agilidad, coordinación y equilibrio.

No centrarse en la defensa

En el boxeo la defensa es tan importante como el ataque. Por desgracia, muchos principiantes sólo se centran en asestar golpes en lugar de en su seguridad, lo que les deja vulnerables a los ataques de su oponente. Una buena defensa permite a un boxeador bloquear, balancearse, esquivar o parar los golpes y contraatacar con eficacia. Los boxeadores principiantes deberían incorporar ejercicios defensivos a su rutina de entrenamiento para perfeccionar estas habilidades, incluyendo la práctica de bloquear golpes, balancearse y mover la cabeza.

Respiración incorrecta

Los boxeadores necesitan aprender a respirar correctamente durante los entrenamientos y los combates. Muchos principiantes no controlan su respiración, lo que les hace perder energía y suministro de oxígeno a sus músculos, provocando agotamiento y bajo rendimiento. Los boxeadores deben aprender a respirar profundamente y a regular su respiración durante el entrenamiento para mejorar su resistencia y su aguante.

No centrarse en la fuerza y el acondicionamiento

El boxeo requiere un alto nivel de fuerza y acondicionamiento para tener éxito. Por desgracia, muchos principiantes se centran más en los ejercicios de boxeo y descuidan su fuerza y acondicionamiento generales. Desarrollar y mantener la fuerza y el acondicionamiento a través del entrenamiento con pesas, ejercicios de cardio y otros ejercicios de acondicionamiento hará que cualquier boxeador sea más eficaz en el ring. Combinar ejercicios de fuerza y acondicionamiento mejora el rendimiento y lleva su boxeo al siguiente nivel.

No estirar lo suficiente

Estirar antes de entrenar es esencial para prevenir lesiones y aumentar la flexibilidad y la amplitud de movimiento. Lamentablemente, algunos boxeadores principiantes se saltan los estiramientos o los hacen mínimamente. No estirar lo suficiente puede provocar distensiones y desgarros musculares, lo que repercute significativamente en el progreso del entrenamiento. Programe tiempo suficiente para los estiramientos antes de cada sesión de entrenamiento para evitar este error. Comience con estiramientos sencillos, como rotaciones del cuello, círculos con los brazos y giros del tronco. Luego, trabaje gradualmente hasta llegar a estiramientos más avanzados, como splits, flexiones de espalda y abridores de cadera.

No mantenerse hidratado

El boxeo es un entrenamiento de alta intensidad que le hace sudar profusamente, lo que conduce a la deshidratación si no repone los líquidos perdidos. No mantenerse hidratado provoca cansancio, mareos y calambres. Además, afecta significativamente su resistencia y rendimiento durante el entrenamiento. Beba mucho líquido antes, durante y después de las sesiones de entrenamiento para evitar este error. Tenga una botella de agua cerca y beba a sorbos con regularidad para mantenerse hidratado. *Evite las bebidas azucaradas o con cafeína, ya que pueden provocar deshidratación.*

Confiar demasiado en la fuerza de la parte superior del cuerpo

El boxeo no consiste únicamente en la fuerza de la parte superior del cuerpo. La parte inferior del cuerpo, el tronco y la coordinación son importantes y determinan su forma de boxear. Por desgracia, muchos principiantes cometen el error de centrarse demasiado en la fuerza de la parte superior del cuerpo, lo que provoca desequilibrios musculares, mala forma y fatiga. Incorpore ejercicios para la parte inferior del cuerpo y el tronco a su rutina de entrenamiento para evitar este error. Algunos ejemplos de ejercicios para la parte inferior del cuerpo son las sentadillas, las estocadas y saltar a la cuerda. Los ejercicios para el tronco pueden consistir en planchas, giros rusos y abdominales.

Mal juego de pies

El boxeo es un deporte que requiere un excelente juego de pies. Sin embargo, los principiantes no prestan más atención a la importancia del juego de pies, lo que les lleva a cometer varios errores, como un equilibrio inadecuado, un movimiento pobre y la susceptibilidad a las lesiones. Para evitar este error, céntrese en mejorar su juego de pies practicando ejercicios de juego de pies, como el boxeo de sombra, los ejercicios de escalera y los pivotes. Además, trabaje su tiempo de reacción y coordinación haciendo ejercicios como sentadillas con salto, saltos de vallas y *burpees*.

Entrenamiento demasiado duro

Aunque es esencial entrenar duro, el sobreentrenamiento puede provocar agotamiento, lesiones y fatiga. Los principiantes cometen a menudo el error de entrenar demasiado duro o con demasiada frecuencia, lo que a la larga conduce a una falta de progreso. Establezca un programa de entrenamiento regular e incluya días de descanso para evitar este error. Trabaje para aumentar gradualmente la intensidad de sus entrenamientos mientras escucha a su cuerpo y no se presiona hasta la extenuación.

No trabajar en la velocidad de los puñetazos

Uno de los errores comunes que cometen los boxeadores principiantes es no trabajar la velocidad de sus puñetazos. Su velocidad de golpe es crucial en el boxeo; descuidarla puede costarle el combate.

Incluya ejercicios de velocidad en su rutina de entrenamiento para evitar
este error. Practique el boxeo de sombra, los ejercicios con saco de
velocidad y los ejercicios con saco de doble fondo para mejorar su
velocidad de golpe. Otra forma de mejorar la velocidad de sus puñetazos
es trabajar su juego de pies. Un juego de pies adecuado le permite
moverse con rapidez y golpear más rápido. Aprenda la postura de boxeo
y el juego de pies adecuados para mejorar su velocidad.

No mantener el equilibrio

Los boxeadores principiantes suelen pasar por alto la importancia del
equilibrio en el boxeo. Mantener el equilibrio es crucial. Le permite
moverse con rapidez y esquivar los golpes. No mantener el equilibrio le
convierte en un blanco fácil para su oponente. Practique ejercicios de
equilibrio específicos del boxeo para evitar este error. Practique
desplazándose por el ring, cambiando su peso y pivotando sobre sus
pies. Practicar regularmente estos ejercicios le ayudará a mantener el
equilibrio durante sus combates.

No relajarse durante los asaltos

Uno de los errores habituales de los boxeadores principiantes es no
relajarse durante los asaltos. El boxeo requiere mucha energía y debe
conservarla durante los combates. Tensarse agota su energía y cansa
rápidamente. Practique ejercicios de respiración durante sus sesiones de
entrenamiento para evitar este error. Por ejemplo, respire
profundamente y exhale lentamente para relajar los músculos. Además,
concéntrese en su técnica en lugar de en el resultado para conservar su
energía y permanecer relajado durante sus rondas.

Falta de fuerza mental

Uno de los mayores errores que cometen los boxeadores
principiantes es subestimar la importancia de la fuerza mental. El boxeo
es un deporte mentalmente exigente, y su capacidad para mantenerse
concentrado y decidido es tan importante como sus habilidades físicas.
Si no tiene fuerza mental, es posible que le cueste esforzarse en los
entrenamientos y que se encoja ante la presión durante un combate.
Trabajar su fuerza mental es esencial. Fíjese objetivos alcanzables,
visualice el éxito y manténgase positivo y concentrado durante el
entrenamiento para evitar este error. También puede trabajar con un
entrenador o un psicólogo deportivo para que le ayude a desarrollar su
fortaleza mental.

No tener una buena rutina de ejercicios

Otro error que cometen los boxeadores principiantes es no mantener una rutina de entrenamiento consistente y completa. Los boxeadores necesitan fuerza, resistencia y agilidad, pero estará en desventaja en el ring si sólo se centra en un área. Desarrollar una rutina de entrenamiento completa que incluya ejercicios de fuerza, cardio y agilidad es importante para evitar este error. Es esencial variar sus entrenamientos para evitar caer en una meseta. Trabajar con un entrenador personal o un preparador físico puede ayudarle a crear un plan de entrenamiento personalizado que se adapte a sus necesidades y objetivos específicos.

No tomar descansos

Muchos boxeadores principiantes son víctimas del sobreentrenamiento. Piensan que cuanto más entrenen, más rápido mejorarán. Sin embargo, el sobreentrenamiento puede provocar lesiones, agotamiento y estancamiento. Tomarse descansos regulares y días de descanso es crucial para evitar este error. El descanso permite a sus músculos recuperarse y repararse, reduciendo el riesgo de lesiones y evitando el agotamiento. Es importante escuchar a su cuerpo y ajustar en consecuencia su programa de entrenamiento. Si se siente agotado o dolorido, tómese un día más de descanso para recuperarse.

El boxeo es un deporte intenso que requiere disciplina, concentración y trabajo duro. Como principiante, es esencial evitar estos errores comunes para prevenir lesiones y progresar de forma constante. Tomarse el tiempo necesario para estirar, mantenerse hidratado, centrarse en la fuerza de todo el cuerpo y el juego de pies, y encontrar un equilibrio entre el trabajo duro y el descanso son cruciales para convertirse en un boxeador de éxito.

En general, para convertirse en un boxeador de éxito hace falta algo más que pegar fuerte. Es imprescindible ser duro mentalmente, tener una rutina de entrenamiento completa y tomarse descansos con regularidad. Si trabaja la velocidad de sus puñetazos, mantiene el equilibrio y se relaja durante los asaltos, mejorará sus habilidades boxísticas y evitará cometer errores costosos. Recuerde, el éxito en el boxeo es un viaje, y el camino hacia el éxito a menudo requiere paciencia y persistencia. Siga estos consejos y estará en el buen camino para convertirse en un boxeador de éxito.

Conclusión

El boxeo es un deporte intenso y cautivador que existe desde hace siglos. Desde sus humildes comienzos hasta los espectaculares campeonatos mundiales que vemos hoy en día, el boxeo ha cautivado al público con su habilidad, velocidad y potencia. En esta guía definitiva del boxeo, se explora todo lo necesario para iniciarse en este deporte, desde sus fundamentos hasta las técnicas y ejercicios avanzados. Esta guía de fácil comprensión exploró cómo evolucionó este deporte y ganó popularidad internacional desde la antigua Grecia hasta nuestros días. Trató los diferentes estilos modernos de boxeo, desde las ligas amateur a las profesionales, y las distintas clases de peso y reglas que se aplican.

El boxeo es una forma estupenda de mantenerse en forma, mejorar la coordinación y liberar tensiones. Pero si quiere subir al ring, debe conocer las reglas y normas más básicas del boxeo. En primer lugar, necesita un par de guantes de boxeo resistentes para proteger sus manos de las lesiones y para dar un buen puñetazo. Un saco pesado es otra pieza esencial del equipo para practicar *jabs*, ganchos y *uppercuts*. Las vendas para las manos ayudan a sujetar la muñeca y evitar lesiones, y un protector bucal es crucial para proteger los dientes y la mandíbula. Por último, unas zapatillas de boxeo cómodas y duraderas proporcionan el apoyo y la tracción necesarios en el cuadrilátero. Con este equipo esencial en su kit, estará listo para empezar a lanzar golpes como un profesional.

Debe comprender la importancia de su postura, guardia y juego de pies para ser un boxeador de éxito. Estos tres elementos son la base de la técnica del boxeo y pueden hacer o deshacer su rendimiento en el cuadrilátero. Dominar la postura correcta le ayuda a mantener el equilibrio y la estabilidad, mientras que una guardia sólida le protege de los golpes de su oponente. El juego de pies es esencial para mantenerle en pie, listo para moverse en cualquier dirección.

Esta guía se centró en los diferentes golpes y contragolpes en el boxeo, ilustrando el *jab*, el cruzado, el gancho, el *uppercut* y cómo lanzarlos correctamente. Cubrió algunos de los contragolpes más eficaces utilizados para ganar ventaja en el cuadrilátero. Sin embargo, siempre necesitará una defensa sólida para convertirse en un boxeador de éxito, independientemente de lo bueno que sea su ataque. Este libro analizó las técnicas de defensa más eficaces en el boxeo. Además, trató la importancia del control de la distancia, cómo balancearse y bloquear golpes, y cómo utilizar la guardia para evitar ser golpeado.

Esta guía definitiva del boxeo le ha proporcionado una excelente visión general de este deporte y todo lo que necesita para iniciarse en el boxeo. Desde la historia de este deporte hasta la técnica *Peek-A-Boo*, se han explorado una amplia gama de temas, proporcionando valiosos conocimientos y consejos. Recuerde que el boxeo es un deporte altamente cualificado y exigente que requiere mucha dedicación, disciplina y entrenamiento para dominarlo. Así que, tanto si es un novato como un profesional experimentado, utilice esta guía como base para desarrollar sus habilidades y convertirse en el mejor boxeador que pueda ser.

Vea más libros escritos por Clint Sharp

Referencias

(N.d.). Realbuzz.com. https://www.realbuzz.com/articles-interests/sports-activities/article/the-basic-skills-of-boxing/

Chen, L. (2021, June 15). The ultimate boxing workout for beginners. Byrdie. https://www.byrdie.com/boxing-workouts-5188633

Duquette, T. (2021, April 13). How to box at home - techniques for beginners. Joinfightcamp.com; FightCamp. https://blog.joinfightcamp.com/training/5-basic-boxing-techniques-to-learn-at-home-during-quarantine/

Evolve, M. M. A. (2022, October 2). 15 basic boxing combinations you should master first. Evolve Daily. https://evolve-mma.com/blog/15-basic-boxing-combinations-you-should-master-first/

Imre, B. (2020, August 14). 6 basic boxing punches & how to throw them correctly. PunchingBagsGuide. https://punchingbagsguide.com/basic-boxing-punches-guide/

Johnny, N. (2012, November 23). The BEGINNER'S guide to boxing. How to Box | ExpertBoxing. https://expertboxing.com/the-beginners-guide-to-boxing

Mahoney, K. (2020, May 2). 7 boxing fundamentals everyone should know. Muscle & Fitness. https://www.muscleandfitness.com/muscle-fitness-hers/hers-workouts/basics-boxing/

McNulty, R. (2020, May 29). The beginner's guide to boxing training. Muscle & Fitness. https://www.muscleandfitness.com/workouts/workout-tips/the-beginners-guide-to-boxing-training/

Ritterbeck, M. (2017, April 11). Boxing for beginners: Boxing basics for stance, breath, and punches. Greatist. https://greatist.com/fitness/boxing-workout-basic-moves-for-beginners

Fuentes de imágenes

[1] *Pintor Antimenes, CC BY 2.5 <https://creativecommons.org/licenses/by/2.5>, vía Wikimedia Commons: https://commons.wikimedia.org/wiki/File:Boxers_Panathenaic_Met_06.1021.51.jpg*

[2] *Véase la página del autor, CC BY-SA 3.0 NL <https://creativecommons.org/licenses/by-sa/3.0/nl/deed.en>, vía Wikimedia Commons https://commons.wikimedia.org/wiki/File:Muhammad_Ali_1966.jpg*

[3] *Brian Birzer http://www.brianbirzer.com, CC BY 2.0 <https://creativecommons.org/licenses/by/2.0>, vía Wikimedia Commons https://commons.wikimedia.org/wiki/File:Mike_Tyson_Portrait_lighting_corrected.jpg*

[4] *ian mcwilliams, CC BY 2.0 <https://creativecommons.org/licenses/by/2.0>, vía Wikimedia Commons: https://commons.wikimedia.org/wiki/File:Floyd_Mayweather,_Jr._vs._Juan_Manuel_M%C3%A1rquez.jpg*

[5] *https://pxhere.com/en/photo/1044044*

[6] *https://www.pexels.com/photo/boxing-gloves-and-mitts-over-the-grass-5836652/*

[7] *https://www.pexels.com/photo/blurred-sportswoman-demonstrating-technique-of-hand-bandaging-7991696/*

[8] *https://www.pexels.com/photo/smiling-man-wearing-mouth-guard-and-boxing-gloves-7289912/*

[9] *https://unsplash.com/photos/qPhXapAS2Ss?utm_source=unsplash&utm_medium=referral&utm_content=creditShareLink*

[10] *https://www.publicdomainpictures.net/en/view-image.php?image=424842&picture=bicycles-abdominal-workout*

[11] *fotógrafo: Alfred Grohs, CC BY 3.0 <https://creativecommons.org/licenses/by/3.0>, vía Wikimedia Commons: https://commons.wikimedia.org/wiki/File:Adolf_Grohs_Boxer_Kurt_Prenzel_Bildseite_(cropped).jpg*

[12] *Alain Delmas (Francia), CC BY-SA 3.0 <http://creativecommons.org/licenses/by-sa/3.0/>, vía*

Wikimedia Commons: https://commons.wikimedia.org/wiki/File:Slip1.jpg

[13] Alain Delmas (Francia), CC BY-SA 3.0 <http://creativecommons.org/licenses/by-sa/3.0/>, vía Wikimedia Commons: https://commons.wikimedia.org/wiki/File:Jab3.jpg

[14] Delmas Alain, CC BY-SA 3.0 <https://creativecommons.org/licenses/by-sa/3.0>, vía Wikimedia Commons: https://commons.wikimedia.org/wiki/File:Retrait4color.jpg

[15] Alain Delmas (Francia), CC BY-SA 3.0 <http://creativecommons.org/licenses/by-sa/3.0/>, vía Wikimedia Commons: https://commons.wikimedia.org/wiki/File:Lecon_crochet.jpg

[16] Alain Delmas (Francia), CC BY-SA 2.5 <https://creativecommons.org/licenses/by-sa/2.5>, vía Wikimedia Commons: https://commons.wikimedia.org/wiki/File:Uppercut2.jpg

[17] Delmas Alain, CC BY-SA 3.0 <https://creativecommons.org/licenses/by-sa/3.0>, vía Wikimedia Commons: https://commons.wikimedia.org/wiki/File:Retrait2color.jpg

[18] Alain Delmas (Francia), CC BY-SA 3.0 <http://creativecommons.org/licenses/by-sa/3.0/>, vía Wikimedia Commons: https://commons.wikimedia.org/wiki/File:Drop5.jpg

[19] https://unsplash.com/photos/HG1pkXN7SVA?utm_source=unsplash&utm_medium=referral&utm_content=creditShareLink

[20] https://unsplash.com/photos/misTB4pmevc?utm_source=unsplash&utm_medium=referral&utm_content=creditShareLink

[21] https://unsplash.com/photos/5Ua3axiD0kA?utm_source=unsplash&utm_medium=referral&utm_content=creditShareLink

[22] https://unsplash.com/photos/8Naac6Zpy28?utm_source=unsplash&utm_medium=referral&utm_content=creditShareLink

www.ingramcontent.com/pod-product-compliance
Lightning Source LLC
Chambersburg PA
CBHW051850160426
43209CB00006B/1242